ABEL C

# LOS DIEZ MANDAMIENTOS DEL ÉXITO

Tercer libro de la Exitología

## Estructura tu pensamiento para triunfar

LOS 10 MANDAMIENTOS DEL ÉXITO

Primera edición: julio, 2022


D.R. © 2022, Abel Quiñónez

D.R. © 2022, derechos de edición en español y otros idiomas:

Ordinal, S.A. de C.V.

Avenida de la Primavera 1874, Parques Vallarta, Zapopan, Jalisco, C.P. 45222.

www.ordinalbooks.com

D.R. © Ordinal, S.A. de C.V.

ISBN: 978-607-99550-1-4

contacto@ordinalbooks.com


Impreso en México

*Printed in Mexico*

Todo está perdonado;
sólo siento agradecimiento.

*Gracias a Dios por permitirme tener salud y vida.*

Hoy y siempre le pediré entendimiento y mucha sabiduría para seguir ayudando a todo aquel ser que esté dispuesto, y a tener paciencia con quienes no están listos.

*A don Nelson Henríquez C, mi asesor literario, por defender siempre la coma y el punto.*

A Sissi Valdivia, por ser la creativa que vuela con sus propias alas en un viaje de éxito.

A Junior y Max, mis inseparables compañeros que me dan alegría con sus ocurrencias.

# Introducción

## CAZAR ESTRELLAS FUGACES

El éxito es encontrar la plenitud en todos los sentidos, es sonreír al levantarse cada mañana, es júbilo y celebración, pero también es paz. Alcanzar la cima significa tener, hacer y amar cada paso del camino.

¿Cómo llegar hasta ese sueño? Confiando en que puedes ser mejor cada día, en que eres una red para cazar luces en el cielo.

Con estos 10 mandamientos del éxito, tu manera de pensar será más ordenada y equitativa para que tu vida también lo sea.

Aquí, encontrarás que la victoria no se refleja en el auto más lujoso o en la casa más ostentosa, sino en las ideas bien construidas, que te darán todo lo demás y aportarán valor al mundo y a tus semejantes.

## ESTOS 10 MANDAMIENTOS SON UN CAMINO PARA ATRAPAR ESTRELLAS FUGACES.

Quizá el éxito te parece una luciérnaga en la noche, difícil de capturar, pero es sólo porque no sabes por dónde empezar.

> No importa dónde naciste, de dónde vienes, quiénes son tus padres y quiénes han sido tus abuelos, todo se centra en la actitud y en el trabajo.

Nos han educado en masa, por montones, como si vendieran sacos de frijol, porque han descubierto que de esa manera se gana más dinero con nosotros.

Estos 10 mandamientos del éxito van a separarte del montón y te convertirán en una planta que producirá sus propios frutos.

### ENCUÉNTRATE A TI MISMO PARA QUE SEPAS DE LO QUE ERES CAPAZ.

Tu mente y tu capacidad dependen de tus aspiraciones, de tus sueños y de tu conexión con la realidad.

### NADIE HA ALCANZADO LA GRANDEZA ACOSTADO EN SU ZONA DE CONFORT.

Tienes que salir y medirte con cada campeón, esforzarte e ir por cada medalla, pero antes debes saber lo que quieres para construir una historia. Cuando tengas esa idea bien clara, empezarás a saborear el éxito.

Una vez, mi mama me dijo: «Estudia, para que tengas un buen trabajo, y cuando estés grande, cásate y ten muchos hijos para que, en tu vejez, ellos te mantengan».

¿Qué aprendí del consejo de mi madre? Todo lo contrario.

## ME DI CUENTA DE QUE AQUELLO ERA UN MITO, UN PREJUICIO, UNA FORMA RUDIMENTARIA DE VER LAS COSAS.

Comencé a leer y leer; descubrí que la riqueza y el éxito están en los libros, en invertir en uno mismo.

¿Qué tipo de libros? Descubre en qué clase de persona te quieres convertir y encontrarás la clase de libros que tienes que leer.

> Aprendí por qué los ricos y los pobres están tan cerca y tan lejos. Entendí que los ricos no trabajan: ellos piensan. Pude ver que los pobres sólo trabajan, no tienen tiempo para pensar.

Cuando la vida te pone de cara al piso y un pie te aplasta para hundirte más, cuando has tocado fondo, te rebelas, ya no quieres estar jodido; en ese momento, pregúntate:

¿Vas a quedarte ahí o vas a luchar para quitarte esa bota de la cabeza?

La incomodidad duele porque te toca el orgullo. Entonces surge, desde tu interior, una voz cálida que te dice: «Levántate y lucha».

Estos 10 mandamientos serán ese oasis que te dará la oportunidad de atravesar el desierto y alcanzar el éxito. Disfrútalos, ven conmigo a la cumbre de la vida.

## TÚ NACISTE CON EL PODER PARA SUPERAR CADA OBSTÁCULO, ESTÁS EN EL MUNDO PARA CREAR, PARA CONSTRUIR TODO LO QUE TU IMAGINACIÓN ACARICIE.

## QUÉDATE CONMIGO, AQUÍ TE ENSEÑO CÓMO DISPARAR TU POTENCIAL.

# PRIMER
# MANDAMIENTO
## DEL
# ÉXITO

1

# TENDRÁS
## VISIÓN

MIRA SIEMPRE HACIA ADELANTE,
VISUALIZA TUS SUEÑOS, PIENSA
EN CÓMO HACER REALIDAD TUS
ILUSIONES. AGREGA EL INGREDIENTE
DE LA TENACIDAD PARA CONVERTIRTE
EN TODO LO QUE HAS IMAGINADO.
ACTÚA PARA ALCANZAR TUS METAS.

Cuando me propuse trabajar tan duro como fuera necesario para que me otorgaran una estrella en el Paseo de la Fama de Las Vegas, me pregunté: «¿Qué debo hacer y tener para lograrlo?». Investigué y pude visualizarme alcanzando ese reconocimiento.

Empecé por contemplar mis **virtudes**, a las que llamé ventajas. Luego, analicé cuáles características me hacían falta y me dispuse a reunirlas una por una; a éstas las llamé **desventajas**.

Inicié mi travesía para reunir mis faltantes. Un 28 de

> Si no tienes visión para saber a dónde ir o una meta que alcanzar, serás como un velero a la deriva en medio de un océano de preguntas.

mayo de 2015, mi familia, mis amigos y grandes amistades festejábamos esa estrella que yo había visualizado. Fue una ceremonia que jamás olvidaré. Besé ese cuadro de granito en donde estaba escrito mi nombre, esa piedra que me inscribía en la historia.

¿Cuál es la meta que tú quieres conseguir? Cierra los ojos un instante, piensa en tu visión, en cómo te sueñas. Escribe aquí esa ilusión que deseas alcanzar.

**Cuando tienes visión, todo se vuelve más fácil.**

La imaginación te lleva hasta donde tú quieres, hasta donde crees que mereces estar; sin embargo, todo tiene un inicio y un fin; el primero es el nacimiento de una idea, el segundo es la meta. En medio de estos dos puntos está la **visión**.

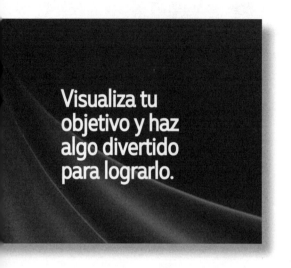

Visualiza tu
objetivo y haz
algo divertido
para lograrlo.

Enamórate de tus ideas, ámalas como un padre que desea ver a sus hijos crecer sanos; vuélvete a enamorar de ellas durante el trayecto.

Relájate, no te presiones cuando algo se complique en tu camino. ¿Cómo vas a tomar el sabor de algo si no tienes pequeñas dificultades? Las complicaciones son como granos de sal gruesa en una receta, parecen duros y toscos, pero le añaden un gusto maravilloso al resultado final. Toma como un reto aprender a sazonar cada platillo.

Ajusta las velas y el barco llegará a su destino. Tú eres el capitán que jamás abandona su idea.

## OJO DE HALCÓN

Por supuesto que adquirir una visión certera no es algo que se logre de la noche a la mañana, ésta se perfecciona a través de la experiencia, de la observación o del estudio, de la misma manera en la que un halcón aprende a ser mejor cazador gracias a la práctica.

Debemos tener los elementos necesarios para ver más allá de nuestras narices, sólo así podremos adelantarnos a las siguientes jugadas de la vida y visualizar de qué manera podemos iniciar una nueva actividad.

Agudiza tu visión, deja de contemplarte en un espejo que deforma tu imagen y convierte la izquierda en derecha. Tener visión es mirarte desempeñando acciones reales para avanzar y superarte.

Perfeccionar tu visión es sentirte independiente y trabajar para que tu libertad sea verdadera.

Cuando logras tener ojos de halcón, vas más allá de un empleo tradicional y te conviertes en tu propio jefe.

La visión es sinónimo de iniciativas propias, es convertirte en el director técnico de un equipo triunfador, en el ideólogo de un movimiento, en el cerebro de un proyecto y en el líder revolucionario de tu propio destino.

## La cumbre de los visionarios

Los italianos tienen una frase escandalosa: «*Il dolce far niente*», es decir, «Lo dulce de no hacer nada». Tener visión es todo lo contrario, es una actitud, un atreverse a decir y hacer lo que otros sólo piensan.

La historia está plagada de grandes mujeres y hombres que, con su visión, han cambiado la manera de mirar el mundo. Todos tenemos en la memoria a esos personajes que son ejemplo de lo que queremos llegar a ser. Para mí, algunos de ellos son:

- **Benito Juárez** fue el primer presidente de México de origen indígena, quien, en vez de resignarse a ser uno más, estudió y se tituló como abogado. A él le correspondió dirigir, desde el exilio, la resistencia frente a la ocupación francesa y promulgar las Leyes de Reforma. Como político, impulsó el principio de que el país debía regirse por normas aplicables a todos. Con la frase «El respeto al derecho ajeno es la paz», dejó claro su ideal. Esa paz de la que hablaba Juárez es la misma que debemos buscar para nuestro espíritu.

- **Abraham Lincoln** fue presidente de Estados Unidos en la misma turbulenta época en la que Juárez gobernó México. De origen humilde, y convencido de que el estudio es indispensable para avanzar en la vida, se graduó como abogado y luchó en contra de la esclavitud. Pagó con su propia vida la audacia de ser el adalid de una causa revolucionaria para su tiempo.

- **Elon Musk** es un hombre atrevido e inteligente; afirma que el petróleo, como principal energético, además de contaminar el planeta, es un recurso que algún día se va a agotar, y por eso es conveniente fabricar vehículos eléctricos. Este pensamiento es muy lógico, pero para un mundo con tantos intereses económicos rapaces, la idea suena a una locura. Es considerado un genio. Nunca se ha cansado de decir que todo lo que sabe se lo debe a la lectura. Llegó a ser el individuo más rico del mundo y Persona del año 2021 para la revista *Time*, entre otras muchas cosas. Musk admira a Benjamin Franklin, un visionario, escritor, científico, inventor, político, diplomático e impresor. «Era un emprendedor que empezó de la nada», proclama este sudafricano.

- De la extensa galería de mujeres visionarias, deseo destacar a **Rita Moreno**, una artista de origen puertorriqueño con talento multidisciplinario. Ella, mirando hacia su propio futuro, decidió que era mejor prepararse para trabajar en cuatro áreas que le fascinaban: el cine, el teatro, la televisión y la música. Es poseedora de una trayectoria admirable. Gracias a la excelencia de su desempeño ejemplar, es la única artista latina que ha ganado los máximos honores en cada una de esas áreas del espectáculo.

- **Cristóbal Colón** fue un visionario no sólo por atreverse a viajar hacia lo desconocido y descubrir un nuevo mundo para los europeos, también porque, según él mismo, demostraría la redondez de la Tierra al intentar un nuevo camino hacia India. Aunque esto fue un profundo error, su visión ha influenciado en forma equivocada de llamar a los habitantes originales de todo el continente americano con el término «indios», gentilicio que en rigor lingüístico sólo es aplicable a los nacidos en India.

Escribe aquí a quién admiras por su visión y talento, y por qué.

Tener visión es no dejar de estudiar, perfeccionarse y trabajar de acuerdo con la tecnología y las nuevas necesidades.

## Enfoques visionarios

Quien se detiene en su andar y sólo mira hacia atrás, sin renovarse, por muy bonito que sea su pasado corre el riesgo de caer, lastimarse y volver al punto de partida. Así es de grande la posibilidad de pensar, sacar conclusiones y determinar visionariamente las metas que nos guían hacia adelante, pero con la mejor preparación.

Para algunas personas, tener visión es también expresar opiniones informadas y correctas, basadas en el conocimiento y la experiencia, sobre un acontecimiento que podría parecer trivial, por ejemplo: «Mi visión de ese partido de fútbol es que ganará tal equipo, debido a su forma táctica de juego», sin importar que sea aficionado del equipo contrario.

Para otros, tener visión es como mirar a través del lente de una cámara fotográfica, es decir, estar conscientes del contexto global: el encuadre, la luz, el color y los detalles que rodean a lo que se pretende plasmar.

Lo que debe hacer un visionario es mirar más allá, incluso de sí mismo. Nadie se autoproclama visionario porque, no existe una escuela que te diplome como tal. Muchos reciben ese calificativo después de ser valorados gracias a su legado, como Thomas Alva Edison, en quien se concentraban las actitudes y acciones de un verdadero inventor, científico y hombre de negocios que revolucionó la tecnología.

## El pecado de la ceguera

Faltar a este **primer mandamiento** produce desconcierto, ausencia de rumbo y desperdicio de energía.

Para evitar esa anomalía, comienza con un autoanálisis para darte cuenta oportunamente de si estás o no en el sitio que deseas. A mí me pasó, cuando allá, en el rancho, no me vi como un trabajador del campo, no porque tenga algo de malo trabajar nuestra amada madre Tierra, sino porque deseaba otra cosa, y para sacar los frutos del suelo se necesita vocación.

> **Si te dedicas a lo que te gusta, tienes como finalidad el éxito y lo acompañas de una visión reflexiva, todo se volverá más fácil.**

Insisto en la urgencia de que visualices tu objetivo y lo persigas de manera divertida mientras te empeñas en su logro, pero antes debes tener un propósito bien definido y saber el *para qué* de tus deseos.

Piensa y enamórate de tus ideas, así, no sólo cambiarás tu zona de confort, sino toda tu realidad. Haz como Benito Juárez: estudia y comprométete. Adhiérete al imperio de la ley y el bien común, ese decreto social que se hereda a las futuras generaciones. Sé justo como Lincoln y batalla en defensa de tus principios. Lee inteligentemente, como lo hace Elon Musk.

Ármate de valor como Franklin y no temas si tienes que empezar desde cero. Sé como Colón y explora. Diversifica tus intereses, como Rita Moreno, e inventa nuevas metas como Edison.

Comúnmente —y en oposición al significado de lo que es tener visión—, desde tiempos inmemoriales la sabiduría popular sostiene que «no hay peor ciego que el que no quiere ver».

No olvides jamás que este mandamiento significa que debes reinventarte a ti mismo y evolucionar como persona hasta que, aplicando otros mandamientos de este libro, obtengas el éxito que te mereces. Ése será tu premio mayor.

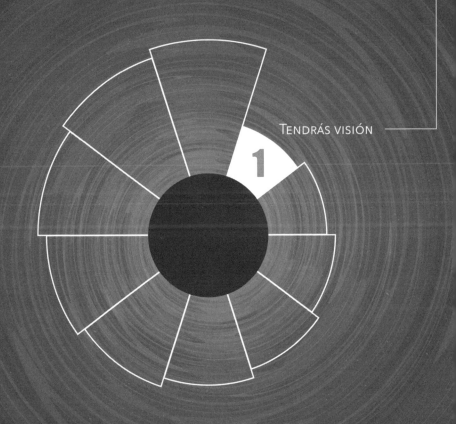

Tendrás visión

1

## Hijos de la radio o cómo gané un millón de dólares

Hay problemas que llegan a nuestras vidas, y el primer paso para salir a la superficie es tener visión.

Diciembre de 2005. Me encontraba sin trabajo, pero con muchas ideas en la mente. Esas fechas son las peores para estar desempleado. La Navidad está en los aparadores de todas las tiendas, pero se escapaba por los bolsillos rotos.

Yo tenía una gran experiencia como programador de radio, así que decidí convertirme en asesor; para eso, primero me hice un examen personal con el fin de liberarme del ego, quitarme el vestido de las emociones incorrectas, ponerme el de enseñanza y, así, llegar a la vida de muchas personas del medio para compartir mi conocimiento.

Le pedí a un amigo que me compartiera los contactos de las estaciones de radio en Estados Unidos, a lo que accedió con gusto. Me mandó una excelente lista de números de teléfono y direcciones de correos electrónicos.

Envié un *correo electrónico* masivo en el que ofrecía mis *servicios*. Para mi sorpresa, hubo eco; me llamaron varias radiodifusoras para adquirir *mi asistencia* como programador y asesor, además, yo podía ayudar a su imagen.

Fue así como nació Radio Media, soñando, pero no con ilusiones vacías, sino con argumentos, conocimiento y visión.

La empresa fue creciendo; sin embargo, no me remuneraban lo que yo valía, entonces hablé con los ejecutivos de las emisoras y les pedí que me pagaran con tiempo de radio, con los valiosos minutos que son el activo de quienes amamos este medio de comunicación. Dicho tiempo yo lo podía vender a un patrocinador y, de esa manera, cambiaría segundos del reloj por dólares en el banco.

Llegué a un acuerdo con varias estaciones. Fue algo extraordinario, porque todo comenzó jugando y después esa visión se convirtió en algo más serio, aunque todavía no ganaba el suficiente dinero.

Tenía que hacer algo más.

Me puse en contacto con Juan Carlos Hidalgo, a quien le platiqué que contaba con minutos de tiempo en la radio y que me uniría con el dueño de la compañía Escúchame tú, del mismo ramo: yo como asesor y él con su negocio de *showprep*.

En ese tiempo, un *showprep* consistía en un servicio en el que se ofrecía una página en internet con las noticias más recientes leídas por un locutor, y de esa manera la emisora pagaba tiempo al aire, a razón de un minuto al día.

Dos semanas después, ese colega me llamó para darme una noticia buena y una mala. La buena era que había negociado muy bien sus minutos de *showprep* con una agencia de publicidad. La mala fue que no lo haría conmigo.

Así es la vida, pasan cosas que parecen nublar nuestra visión, pero si estamos bien preparados, libres de emociones dañinas, esos ojos con los que miramos el futuro no perderán el rumbo.

Tuve que decirle a Juan Carlos que el plan se había desmoronado, pero yo seguiría por mi cuenta.

> Visión: siempre la mirada en el alto, fija en la meta. Ése es el primer secreto.

Pensé, pensé y pensé en qué hacer con ese tiempo de radio, con esa experiencia y con esas ganas de innovar. Entonces, me dije que tenía que hacer algo espectacular y extraordinario. Hasta que di en el clavo.

En el *showprep*, un locutor tiene que leer las noticias, los resultados deportivos, los horóscopos, las frases poderosas y toda la gama de contenidos de radio. Yo lo llevé al siguiente nivel: traje a personajes famosos, expertos en cada materia, para que grabaran ese material.

Reuní un minuto con César Lozano en las frases *matonas*, un minuto con Antonio Rosique en los deportes, un minuto con José Martín Sámano en las noticias, otro minuto con Jaime Maussan y uno más con Jorge Rivera hablando de problemas de inmigración. Le di otra cara a los *showprep* con cada experto en su ramo, así convertí ese tiempo en oro.

De manera estándar, las estaciones de radio compraban un minuto al día, pero yo comencé a venderles un minuto por hora, desde las seis de la mañana hasta las ocho de la noche.

Así nació otra empresa: Hijos de la radio, que innovó con una manera de dar prestigio a una radiodifusora con grandes personalidades, que ellos difícilmente podrían costear. De esa manera, llegué a tener más de 275 estaciones en el servicio de *showprep*, y una cantidad similar con el servicio de imagen o vestiduras. Los minutos diarios con los que ya contaba eran sumados con una máquina de cinco cifras.

Patrocinado por la emoción, creé otra compañía, ahora de radio por internet, llamada La Plebada, con programación dedicada a la juventud, a la generación Z, a los nacidos entre 1997 y 2015. A decir verdad, este proyecto perdía solvencia. En mi bolsa derecha entraba dinero y por la izquierda salía, como el agua muy cara (y en dólares) que se te escapa entre los dedos, por lo que mis contadores me dijeron que tenía que deshacerme de ella ¡ya!

Era octubre y yo seguía aferrado a que las cosas tenían que funcionar, así que me puse como límite llegar al último mes del año o desistir.

Llegó el 15 de diciembre, otra Navidad, pero ahora sin hoyos en los bolsillos; de la mano de mi visión, pude levantar la radio por internet, mantener el servicio de asesoría de Radio Media y superar el éxito de Hijos de la radio.

Tiempo después de aquel fin de año desempleado, vendí las tres empresas en un millón de dólares.

**Recuerda, tener visión es apenas el primer mandamiento clave para el éxito.**

# ACTIVIDAD
## PRIMER
## MANDAMIENTO

Tener visión requiere de un aprendizaje constante y de experiencia, así que no esperes que, mágicamente, tu mente se abra sólo con leer éste o cualquier otro libro. Nada es inmediato y mágico, quien afirma lo contrario, miente. Así que ten paciencia, entrenando tu cerebro lo lograrás.

Te invito a que escribas aquí una situación del pasado en la que te haya faltado visión:

Ahora, escribe qué harías hoy, con mayor experiencia, sabiduría y *visión*, en esa misma *circunstancia*:

Reflexiona cómo tener visión ha cambiado tu manera de
actuar:

# SEGUNDO MANDAMIENTO DEL ÉXITO

**2**

# ENFÓCATE

Centra tu atención en un objetivo. Cuando te enfocas en un aspecto particular y te mantienes firme en una dirección serás imparable; tu energía concentrada te impulsará como un cohete, vencerás a la gravedad hasta llegar a ese punto que se parece a tu destino.

Para alcanzar una meta, tendrás que reducir tu campo de acción, pero aumentarás tu rendimiento. Serás como un halo de luz que se concentra de tal manera que se trasforma en un rayo láser.

**Selecciona a tus amistades, así aumentarás tu energía para recorrer el camino acompañado por las personas correctas.**

Implementa el método VyNMQ (voy y no me quito), que te ayudará a tener una mente centrada, sin distracciones.

Muchos queremos hacer dos o más cosas a la vez, y terminamos dejando los proyectos inconclusos, con finales mediocres.

No te distraigas y sé prudente, mantente firme y hazte responsable de ti, recuerda que todos sufrimos caídas y a veces el mundo nos pone a prueba.

## ENFOQUE IMPERTURBABLE

No importa lo que pase, tú decides qué hacer ante las adversidades. Desde que aprendemos a caminar, y a través de nuestro paso por el mundo, todos sufrimos tropiezos inevitables.

> La gente visionaria e imaginativa siempre aprende algo de los obstáculos. Ése debe ser tu caso.

Si tu caída es física, tu instinto te impulsa a levantarte de inmediato; si no puedes, siempre habrá por ahí algún ser humano de buena voluntad que acuda en tu auxilio, dándote la mano. Lo hemos visto más de una vez en las calles cuando se produce algún accidente vehicular: el tránsito se detiene y en cuestión de segundos algunos corren para ver si su presencia es necesaria, mientras otros llaman por teléfono a los servicios de emergencia o a la policía.

## ENFOQUE VS. INDIFERENCIA

¿Estás tú dispuesto a ayudar cuando es necesario, o eres de los que sólo estiran la mano?

Muchas veces confundimos el enfoque con la indiferencia. Ten cuidado, estar muy ocupados en nuestros proyectos no nos quita la obligación de mirar a un hermano que necesita ayuda.

Sé sincero y escribe aquí cuándo fue la última vez que pudiste ayudar a alguien y no lo hiciste con el pretexto de que estabas *absorto* en tus ocupaciones.

Quien está enfocado, también está atento, de manera consciente, del mundo a su alrededor.

## CAER ES LEVANTARSE

Caer es una ley universal. Hemos visto derrumbarse a presidentes, primeros ministros, celebridades de la música y del cine que luego se yerguen solos o con la ayuda de quienes forman parte de su séquito o del público.

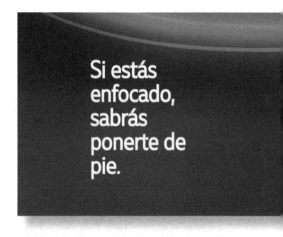

Si estás enfocado, sabrás ponerte de pie.

No nos gusta caer. Nadie medianamente cuerdo se alegra por tropezar y darle un beso al piso; lo importante ya está dicho: la decisión de levantarte es tuya y de nadie más.

## LOS PESIMISTAS

Tú eres quien maneja ese cuerpo y esa mente que son el edificio donde radica tu personalidad, tu manera de ser y tu carácter; por tal razón no debes escuchar a los pesimistas, que permanecen casi siempre en el suelo.

¿Quiénes son estos personajes que viven echándole la culpa de todo lo que les pasa a los demás y se olvidan de su responsabilidad? Son los que ven la paja en el ojo ajeno y no la viga en el propio. Siempre están listos para proclamar las limitaciones de sus familiares y amigos, ocultar sus propias flaquezas y oponerse a cualquier iniciativa, para lo cual urden pretextos y sacan conclusiones personales que sólo ellos entienden cuando mencionan el nombre de algún pariente que fracasó en su intento de establecer un negocio.

Los pesimistas son quienes llegan a desenfocarte, son morbosos. Hablan de enfermedades y de tragedias, de engaños y de bancarrota, de crímenes famosos y golpes de Estado. Por tu salud mental, no los escuches.

En la práctica, son portadores de un virus arrollador.

Los pesimistas llevan su mediocridad a un nivel tan alto que tienen la capacidad de transformarla en superstición y contagian a cualquier desprevenido con argumentos falsos y mentirosos.

Son los que dicen que «los lunes ni las gallinas ponen», siguen con el martes, porque «no te cases ni te embarques». Como el miércoles es el «ombligo de la semana», lo consideran un día perfecto para la *happy hour* en el bar. El jueves, uff, es casi viernes, por lo tanto, fin de semana.

La especialidad del pesimista es anular tu enfoque para que abandones cada proyecto y seas el mismo o peor que antes. Son los reyes de los pretextos, la falsa felicidad, el ocio y los excesos. Se parecen al cojo que no es cojo, pero siempre le echa la culpa al empedrado, aunque no haya una sola piedra a su alrededor.

Enfócate, mantente siempre alerta de los distractores, de los enemigos y hasta de tu propia mente que fácilmente se escapa y desconcentra.

## Los optimistas

Un amigo, residente de Saint Paul, en el estado de Minnesota, me contó que diez obreros latinos estuvieron jugando con una combinación de números de lotería durante todo un año, sin ganar nada de nada.

Cada uno aportaba 10 dólares mensuales para jugar semana a semana a cuatro fórmulas. Uno de ellos empezó a criticar a sus compañeros afirmando que «jamás» iban a lograr un acierto hasta que, por fin, decidió retirarse del grupo.

Le dijeron que su pesimismo atraería más pesimismo, que continuara en el grupo de apostadores. Él se negó. Optimistas, los nueve restantes siguieron con su fórmula. Irradiando confianza y con fe en su proyecto. Elevaron el aporte individual a 12 dólares, hasta que tres meses después, sorpresa, no ganaron el premio mayor, pero sí uno de consuelo y recuperaron su inversión de quince meses: el cheque significó una ganancia superior a 30 mil dólares para cada uno.

Cobraron en secreto. Nada le dijeron al pesimista que se había retirado, pero éste se dio cuenta cuando advirtió que cuatro de ellos estaban estrenando vehículos.

Esta historia me hace recordar lo que *decía* mi amigo Tiburcio, allá en el estado de Washington, en la frontera con Canadá: «El que la sigue, la consigue». Lo mismo que *decía* mi abuelo cuando recordaba todo lo que le había costado enamorar a mi abuela.

> Hasta en los emprendimientos más modestos se tiene que recurrir a una alta dosis de confianza y persistencia, de continuidad y de enfoque.

## SUPERSTICIONES

El mandamiento de mantenerte enfocado implica que no escuches a los pesimistas, pero tampoco a las creencias negativas y a las supersticiones absurdas. Enfócate a partir de un cambio radical. Repite:

Mi superstición máxima consiste en que yo soy el único responsable de mis acciones y, en consecuencia, rechazo a los pesimistas que pronostican el fin del mundo para el próximo martes o viernes 13.

Creo en mi soberana voluntad. Mi superstición número uno es positiva, y consiste en ser analítico y objetivo, informarme y educarme a través de la lectura.

**Cree en ti y enfócate. Aplica todas tus ganas a tus proyectos y olvídate de las supersticiones, con excepción de aquellas que te hagan reír y te relajen.**

## FRONTERAS

Tú eres diferente. Estás dispuesto a invertir dinero, tiempo y esfuerzo en un buen emprendimiento pensando que vas a triunfar. Escúchate a ti mismo y comparte con quienes saben más. Es a ellos a quienes tienes que oír.

Te gusten o te disgusten, en el mundo hay muchas fronteras. Levanta la tuya. Ponle un límite a los distractores que intentan desmoralizarte con pretextos insulsos y niegan tu capacidad creativa. Déjalos fuera de tu frontera emocional y práctica, lejos de tu territorio.

Haz respetar tus horizontes culturales y de comportamiento; no permitas que nadie te distraiga en tus objetivos y metas.

Tú perteneces a otro equipo, al de los exitosos. Hazte responsable de ti. Empieza ya. Pon en práctica este mandamiento y asume que es un compromiso estar atento.

Si no te enfocas en lo que quieres, puedes perderte en ti mismo.

EN EL PRIMER MANDAMIENTO HABLAMOS SOBRE TENER **VISIÓN** Y, AHORA, EN EL SEGUNDO, SOBRE **ENFOCARNOS** EN ESA META QUE HEMOS IMAGINADO, SIN CAER EN LAS TRAMPAS DE LOS PESIMISTAS, EN LA PESADUMBRE DE LOS PROBLEMAS NI EN LA DISTRACCIÓN NATURAL DE NUESTRA MENTE. POCO A POCO VAMOS SUBIENDO ESCALONES HACIA EL ÉXITO.

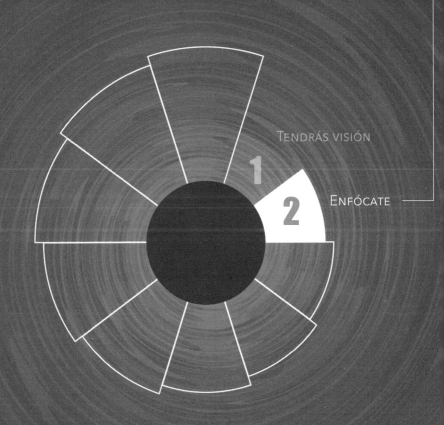

TENDRÁS VISIÓN

1

2

ENFÓCATE

## Lo terrible del amor

Recientemente me enamoré, así de claro soy. Me enamoré perdidamente. ¿Por qué debo recordarlo tan afanosamente? Porque salpicó mi integridad y casi acaba con mi voluntad de vivir.

Creí que era la mujer de mi vida y que estaríamos juntos por la eternidad. Casi me dediqué sólo a su servicio, me convertí en el utensilio de sus necesidades; por ella vivía y respiraba. Cada vez que la miraba, mi corazón latía con tal fuerza que estaba a punto de fracturar mi costilla izquierda.

Ella era la razón por la que viajaba a San Diego, California, cada semana. No importaban las millas sumadas en el desgaste de mi carro, no importaban los costos para mi cartera y para mi piel por dormir pocas horas.

Empecé a desatender mis negocios, a olvidar a mis seres queridos, y lo peor fue que me abandoné a mí mismo.

Cuando ella tomó la decisión de regresar con su ex, me partió en dos: yo era el hombre que se había perdido y el hombre que quedaba vivo, pero muerto por dentro.

Me enfrenté al espejo y me porté duro. Miré aquel despojo de ser humano que respiraba por instinto y le dije:

Debes esforzarte, debes ser responsable de ti mismo y aceptar que elegiste mal. Levántate de nuevo y enfócate para ser mejor después de esta experiencia. No veas la decepción, mejor observa la oportunidad que se te presenta y haz lo que haría un hombre exitoso: ¡toma ventaja de la situación!

¿Qué hice? Decidí escuchar audiolibros, leer más e investigar para terminar mi primer libro. De este aconteci-miento nació *La escalera*.

Si lo tomamos con una mala actitud y de manera in-correcta, hasta el amor puede ser un enemigo de nuestro enfoque.

En vez de reducirme a nada, me levanté, erguí mi cuello y respiré. Me enfoqué. Ahora soy mejor.

Estoy vivo, y si estoy vivo, puedo luchar.

# ACTIVIDAD
## SEGUNDO
# MANDAMIENTO

Aristóteles, el filósofo griego, maestro del mítico Alejandro Magno, afirmó que «todos los hombres, por naturaleza, desean saber». En relación con las personas más próximas a nosotros escribió que existen tres tipos:

1. Los amigos que comparten contigo una misma conveniencia transitoria o interés eventual.
2. Los que se hacen amigos por diversión o placer.
3. Los que se admiran recíprocamente por sus virtudes y tienen una relación de amistad que se prolonga toda la vida.

¿En cuál de estas tres categorías pondrías a tus amigos? ¿Con qué frecuencia los ves? ¿Hay pesimistas entre tus amigos?

Analiza a las personas que te rodean, piensa en cuáles pertenecen a cada una de las categorías de las que hablaba Aristóteles y llena la siguiente tabla.

| Amigos categoría 1 | Amigos categoría 2 | Amigos categoría 3 |
|---|---|---|
|  |  |  |
|  |  |  |
|  |  |  |
|  |  |  |
|  |  |  |
|  |  |  |
|  |  |  |
|  |  |  |

Ahora que ya sabes quiénes son los que te distraen de tu enfoque, ¿qué vas a hacer?

# TERCER
# MANDAMIENTO
# DEL
# ÉXITO

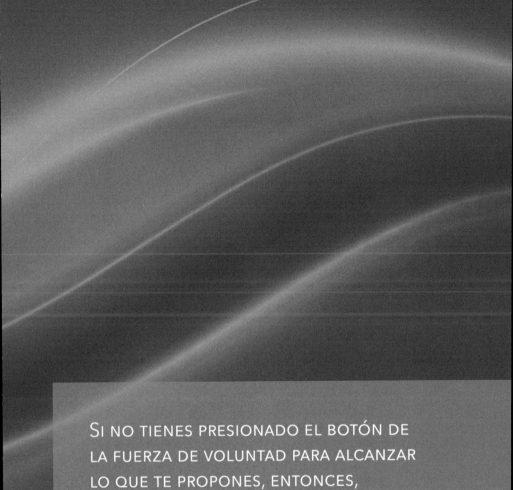

SI NO TIENES PRESIONADO EL BOTÓN DE LA FUERZA DE VOLUNTAD PARA ALCANZAR LO QUE TE PROPONES, ENTONCES, CARECES DE AUTODISCIPLINA.

Tus promesas cada mañana requieren un resorte para levantarte a la hora indicada, tu salud necesita una alimentación correcta y a tu rostro le hace falta una buena actitud para que tu luz conquiste al mundo. Todo eso implica trabajo: autodisciplina.

Sonríe, aunque una persona no sea de tu total agrado; calla cuando alguien te llame mentiroso o injusto, porque tú sabes que son calumnias. Esa fuerza de voluntad y ese autocontrol no sólo te dan carácter para conducir cada situación, también te otorgan valor para dominar tus pasiones y cumplir con lo que te has prometido.

> **Mientras los demás pelean, tú reconcíliate con la paz de la autodisciplina.**

## HÁBITOS

La autodisciplina tiene que ver con el comportamiento voluntario y espontáneo, y ese conjunto de actitudes, realizadas desde el interior de forma constante, se va transformando en hábitos y luego se integra, de modo natural, a tu personalidad. Puedes aparentar ser una persona muy *agradable*, muy *fina*, *chistosa*, *ceremoniosa* y *galante*, pero si esas cualidades carecen de responsabilidad, no sirve de mucho.

En la autodisciplina intervienen la sonrisa entrañable que emana desde el interior, las virtudes intrínsecas, la actitud habitual, auténtica y asumida a través de un proceso de aprendizaje valiente y con valores.

Es muy fácil adquirir malos hábitos de manera inconsciente, como utilizar un tono grosero con quienes te rodean o gritarle a la gente mientras conduces, pero no son más que actitudes que, de tanto repetirlas, se normalizan.

Piensa en algunas de esas costumbres incorrectas que generas día con día y haz un plan para cambiarlas.

| Malos hábitos | Los debo cambiar por... | Cuál es la actitud que debo cambiar |
|---|---|---|
|  |  |  |
|  |  |  |
|  |  |  |

## TODO CUENTA

La autodisciplina debe empapar todos los ámbitos de tu vida, incluso tu apariencia física, recuerda: «mente sana en cuerpo sano».

Eres un conjunto, de nada sirve que vistas el mejor traje si no eres capaz de sostener pláticas productivas, informadas, innovadoras e inteligentes. Tienes autodisciplina si te aseas diario, porque te encanta verte espectacular, pero también si cultivas tu mente todos los días.

Los demás detectan
cuando hueles rico,
pero tu actitud apesta.

## LA AUTODISCIPLINA DEL RESPETO

Cuando dejas que tus interlocutores planteen sus puntos de vista, sin brusquedad o interrupciones impertinentes, tu autocontrol permea hacia tus semejantes. Hay que ser enfático, pero nunca arrebatado o gritón.

Es decir, la
autodisciplina te
devolverá una
recompensa.

Escuchar es un ejercicio muy elegante y apreciado. Si cultivas el arte de hacerlo con cuidado, los demás también te pondrán atención cuando llegue el momento más propicio para que hables.

Nunca uses palabras denigrantes, discriminatorias o groserías para referirte a alguien, por muy mal que te caiga. Cualquiera que te escuche hacerlo, aunque estés en un grupo de amigos muy íntimos, terminará comentándolo con alguien y de ahí en adelante el chisme seguirá creciendo hasta convertirse en un peligroso *búmeran* en tu contra. Ya hablamos de los malos hábitos, así que cuidado cuando éstos te hagan mala fama.

> **Disciplínate atando tu lengua si no vas a decir algo que aporte valor.**

«En boca cerrada no entran moscas», dice el antiguo refrán. Si estás en desacuerdo con alguien, refiérete a sus ideas o procedimientos, jamás lo descalifiques en lo personal, y menos por un defecto físico. Decirle que padece de laberintos, síndromes u otros traumas mentales, es algo que le corresponde al neurólogo o al psiquiatra, no a ti.

Mídete. Frénate. Cuenta hasta diez, o más, antes de reaccionar. Como si estuvieras jugando al ajedrez: medita y analiza las consecuencias y efectos de tus palabras para que después no tengas que pasar por el bochorno de tener que arrepentirte o inculparte. Eso es autodisciplina. Aunque no lo creas, tratar bien a los demás es tratarte bien a ti mismo, y esto aplica en tu círculo familiar, en tu vecindario y en tu trabajo.

Ojo: no se trata de ser hipócrita. Todo tiene que salir del corazón y ser sincero. Recuerda el Camino óctuple de Buda:

1. Visión o comprensión correcta: no mires donde no debes o hagas sentir mal a los otros.

2. Pensamiento o determinación correcta: que tu buena actitud nazca de ideas correctas, no por fingir.

3. Hablar correcto: cuida tus palabras.

4. Actuar correcto: sé congruente.

5. Medio de vida correcto: busca tu dinero sin transar, robar, faltar a la ley o dañar a los demás.

6. Esfuerzo correcto: escala, pero sin pisotear a los otros.

7. Atención correcta o consciencia del momento correcto: el aquí y el ahora, pero sin sacrificar el pasado ni el futuro.

8. Concentración o meditación correcta: conócete a ti mismo, es decir, autocontrol.

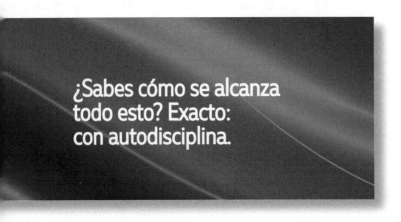

¿Sabes cómo se alcanza todo esto? Exacto: con autodisciplina.

## LOS ENEMIGOS

Respetarte significa respetar tu palabra. Nunca lo olvides. Ese es el camino por el que mejor avanzarás hacia la autodisciplina y, por lo tanto, hacia tus objetivos, pues la consecuencia de estos mandamientos es el éxito. Los enemigos de la autodisciplina son muchos, voy a dejar aquí algunos de ellos para que estés alerta:

* El **pesimismo** que te enceguece y te aterra porque le tienes miedo al éxito.

* La **improvisación**, porque careces de planes, métodos y estrategias.

* La **duda** que permanece largo tiempo, porque no confías en ti mismo.

* El **chisme** sin ton ni son, el meme ofensivo, las *fakenews* y la basura hueca de internet.

* La **mediocridad**, porque decidiste ser igual que la mayoría, olvidándote de los pocos que han sobresalido.

* La **negligencia**, porque vives al día, aburrido hasta del aire que respiras.

* La **ociosidad** congénita, porque apenas te levantas comienzas a pensar en el descanso del final del día; «*Il dolce far niente*», del que hablamos en el primer mandamiento.

* La **inseguridad** y la **ignorancia** que significan no tener metas ni objetivos claros.

Los contrarios de la autodisciplina. que no te van a llevar a ninguna parte, se generan como la mala semilla. Si te descuidas crecerán como fuertes robles que esconderán por completo tu camino hacia el éxito.

## AUTODISCIPLINA MILENARIA

La autodisciplina es fundamental hoy, como lo ha sido a través de la historia, desde los guerreros que iban al campo de batalla para forjar imperios, hasta los filósofos y científicos que cambiaron la forma de ver el mundo.

- Prócer indiscutido de la independencia de Estados Unidos, y su primer presidente, **George Washington**, a finales de los años 1700, decía que la autodisciplina «es el alma de un ejército y procura el éxito para los débiles y la estima para todos».

- Para motivar a sus jugadores, el famoso entrenador de fútbol americano, **Bum Phillips**, siempre repetía que «la única disciplina que dura es la autodisciplina».

- El **Dalai Lama**, ese budista seguidor del Camino óctuple, ha dicho que «una mente disciplinada conduce a la felicidad y una mente indisciplinada conduce al sufrimiento».

## COSA SERIA

Muchos han exaltado esta virtud, muchos han dicho maravillas de ella; muchos han salido victoriosos gracias a ella. Y muchos –duele admitirlo– la consideran un chiste. Craso error.

A la autodisciplina se debe tomar en serio. Cuando trabajes, donde sea, en una oficina, en una fábrica, en una bodega, en la calle, en un restaurante o desde tu casa, no te distraigas. Concéntrate en lo que tienes que hacer. El **enfoque** del que hablamos en el segundo mandamiento es una parte de la autodisciplina.

Hay gente que la entiende exclusivamente en función de obedecer y acatar órdenes en jerarquías verticales como los ejércitos, la marina, la aviación, la policía, los bomberos, los hospitales, las empresas tiranas o los gobiernos.

En los ejércitos, el general manda más que el coronel. En las fuerzas armadas marítimas, se aplica eso de que «donde manda capitán, no gobierna marinero». En los aviones, el *mero mero* es el piloto, no el sobrecargo. En los hospitales, el cirujano se impone por encima de sus ayudantes. En los gobiernos, es el presidente la autoridad máxima, no sus secretarios.

> Cuando sólo algunos mandan, no existe autodisciplina, sino un conjunto de reglas que hay que obedecer por la fuerza.

## UN ASUNTO PERSONAL

La disciplina y, sobre todo, la autodisciplina, tienen que ser cultivadas y puestas en práctica por cada persona, individualmente, dependiendo de su capacidad, conocimiento y compromiso. Como decían los teólogos medievales: «La salvación en un asunto individual».

Cuando hay *dirigentes* con títulos y posiciones muy definidas, que tratan de imponer su voluntad, el verbo que se conjuga es «obedecer». Ésos no son líderes de verdad que llevan a un equipo hacia el éxito, ésos son tiranos.

Por ningún motivo podemos olvidar que también existe una obligación voluntaria superior y es que cada persona, dentro y fuera de cualquier organización, se debe disciplinar y respetarse a sí misma para que el conjunto funcione sanamente.

La disciplina es un tema personal, nadie puede otorgártela ni se vende en un frasco. No es el producto de ningún reglamento ajeno a uno mismo. Es propia. Se asume por convencimiento íntimo, porque es lo mejor y brilla con el tiempo como la llave maestra en el camino hacia el éxito.

> **Una vez que se adquiere, la autodisciplina se respeta y se fomenta todos los días, 24/7.**

Es cierto que al comienzo duele adquirirla, pero, al final, lo que más se nos dificulta es lo que más amamos.

En términos de ejecución práctica, la autodisciplina no tiene que ver con la legalidad o el orden formal vigente, porque no hay leyes que nos obliguen a sonreír de una manera específica o a callar en equis circunstancia.

Tampoco se regula por decreto la forma de dar y apretar la mano de una persona en una cita de negocios. Todo ese ceremonial social depende única y exclusivamente del sentido común.

## Autodisciplina desde el corazón

Causa risa —aunque es una sugerencia incómoda e intimidatoria— leer en algunas tiendas un pequeño cartelón que dice: «Sonríe, estás en cámara», advirtiendo que el sistema de vigilancia te observa para que no robes nada. El no robar debería darse por sentado si todos tuviéramos autodisciplina.

Es indignante que en bares y restaurantes otro letrero advierta que «Nos reservamos el derecho de admisión», porque nos hace recordar la época en la que los afroamericanos tenían que viajar en autobuses separados de los blancos.

Es terrible que en las empresas se tenga que especificar que los empleados se vistan de cierta manera, que no lleguen ebrios o que los departamentos de recursos humanos te obliguen a sonreír todo el tiempo ante un salario y unas condiciones injustas.

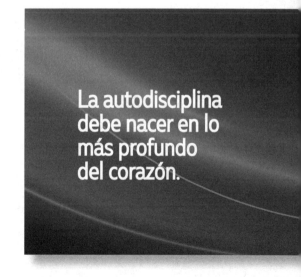

La autodisciplina debe nacer en lo más profundo del corazón.

Estos mandamientos forman una escalera que sube hasta el éxito. Ahora vemos cómo la **AUTODISCIPLINA** es la gran aliada del **ENFOQUE** que nos lleva hacia el cumplimiento de nuestra **VISIÓN**. Somos consecuencia de todo lo que hacemos, pensamos y decimos, así que seamos suaves con nuestras palabras, actuemos con responsabilidad y pensemos como grandes individuos.

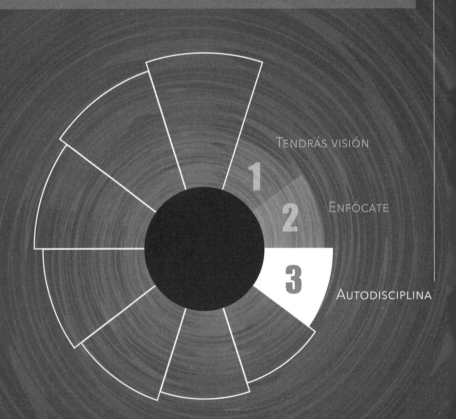

Tendrás visión

1

Enfócate

2

3

Autodisciplina

# TE VA A COSTAR

«¿Quieres ir por más que los demás? Pues te va a costar».

Eso fue lo que me dije cuando quise medirme con los más grandes en la ciudad de Los Ángeles, California. Yo, el más chiquito de los pequeños, pero con una gran voluntad de resistencia.

Cuando me llegó la idea de competir, debía hacerlo bien, aunque tuviera que pasar por cualquier prueba que Dios me asignara.

Acepté la invitación de mi amigo Juan Moreno, quien me prestó temporalmente una habitación de su casa. Al llegar con mis pocas pertenencias, vi que uno de sus hijos se movía al cuarto de su hermano menor. Esta acción me puso un cohete en el trasero. Mi estancia debía ser más reducida de lo que había planeado.

Mi consuelo era que estaba por concluir la reconstrucción de una casa vieja que Juan había comprado, y había prometido rentármela. No pasaron ni dos meses cuando yo, impaciente, le pedí ocuparla así, como estaba, sin terminar.

—Estás loco —me dijo—. No tiene gas, no tiene luz, no hay agua caliente. Está inhabitable.

—No importa, sólo préstame una cobija para dormir —repliqué. Él me prestó dos.

Esa noche dormí envuelto en un par de frazadas, en una esquina de una habitación fría y desolada.

Me levanté temprano, tomé la manguera del vecino y me di un baño con agua helada. Luego, me fui caminando y tomé un desayuno en un McDonald's que estaba a escasos metros, donde me quemé con el café.

Regresé y puse una silla a la orilla de la barda para pedir prestado el wifi del Starbucks. Ahí empecé una nueva aventura que se transformó en el proyecto más importante de mi vida.

Nunca me quejé de tal o cual situación, sólo me acordé del valiente Job: «Dios, si quieres humillarme, aquí estoy, dispuesto a pasar las pruebas que tú me impongas, pero jamás voy a quejarme».

Comprobé que autodisciplina es sinónimo de determinación, de carácter, de fuerza de voluntad y autocontrol.

# ACTIVIDAD
## TERCER
## MANDAMIENTO

Desde hace milenios, los monjes budistas llevan a cabo una práctica que es todo un reto de autodisciplina y autocontrol. Vamos a ver si puedes con ella.

**Paso 1:**

Cierra los ojos y piensa en una persona a la que ames mucho, que te caiga muy bien, con la que pasas momentos increíbles.

Ahora pídele a Dios y al universo que a esa persona le vaya bien, que esté sana, que se quede mucho tiempo a tu lado.

Fácil, ¿no?

**Paso 2:**

Cierra los ojos y piensa en una persona que haya pasado inadvertida en tu vida; quizá el conductor del taxi, el portero, el vendedor de fruta; alguien a quien no conoces, que no sabes si es buena o mala persona.

Ahora pídele a Dios y al universo que a esa persona le vaya bien, que esté sana, que se quede mucho tiempo con sus seres amados.

No tan difícil, ¿verdad?

**Paso 3**

Cierra los ojos y piensa en una persona que te caiga muy mal, que incluso la odies, que sólo de verla se te revuelva el estómago, que preferirías no volver a verla.

Ahora pídele a Dios y al universo que a esa persona le vaya bien, que esté sana, que tenga mucho amor y que, cuando la vuelvas a ver, puedas sentir compasión, la entiendas, no la odies más y puedas estar en paz en su presencia.

Ya no estuvo tan lindo, ¿cierto? ¿Ahora sí pusiste a prueba qué tan buena persona eres y cuánto autocontrol tienes? Si no lo lograste a la primera, haz uso de tu autodisciplina e inténtalo de corazón.

Escribe aquí tu experiencia con este ejercicio:

**Utiliza la autodisciplina para crear hábitos que te lleven al éxito personal y profesional.**

# CUARTO MANDAMIENTO DEL ÉXITO

# FIJA TUS
# METAS

Es muy complicado llegar a un destino que no tienes definido, es como no saber en dónde te va a agarrar la noche para dormir. Mañana saldrá el sol; con esa misma seguridad debes saber en qué lugar está ese punto en el que habitan tus sueños.

Me fascina que me pregunten qué significan las metas.

—Sé a dónde voy, pero no tengo un plan definido—
me dijo una amiga que sigue luchando para triunfar.

—Si no tienes un plan, nunca llegarás a tu destino, le
respondí.

> Las metas son el fin al
> que se dirigen tus deseos,
> propósitos, sueños y
> aspiraciones personales y
> profesionales.

## LO ORDINARIO Y LO EXTRAORDINARIO

La mayoría de nuestras amistades viven con lo básico, con
lo más normal. La razón es que no tienen metas fijas y
objetivos bien definidos. Todos andamos como humanos
silvestres, esperando lo que la vida nos pueda mandar sin
movernos de nuestra comodidad. Algunos llaman a eso
una «bendición de Dios», como si Dios quisiera vernos
todo el día en una hamaca rascándonos el ombligo y esperando que caigan mangos del cielo.

La madre de una sobrina preguntó a su hija:

—¿Por qué no trabajas?

—Ah, porque si trabajo, me voy a perder de viajar —contestó ella, refiriéndose a que en un empleo ordinario no le darían permiso de faltar para conocer el mundo.

Zig Ziglar, en su libro *Cómo establecer metas y objetivos*, afirma que existen dos tipos principales de metas:

1. Objetivos individuales, como titularse, conseguir un trabajo, bajar de peso, etcétera, que, aunque implican grandes esfuerzos, son relativamente *fáciles* de alcanzar, pues para hacerlo hay que recorrer una línea recta, sin muchas posibilidades de extraviarse: ir del punto A al punto B.

2. Planes equilibrados para metas que requieren un conjunto más complejo de acciones, que implican comprometerse con una estructura, trazar una ruta, a veces en zigzag, fijar tiempos, depender de terceros y mucha disciplina para llevarlos a cabo. La mayoría no las logra porque tienen miedo del camino y sus dificultades.

También clasifica las metas y objetivos en familiares, mentales, físicas, sociales, espirituales y financieras.

Si cada uno de nosotros supiéramos que fuimos creados para alcanzar cada propósito y diseñar un plan de metas, no nos cuestionaríamos si somos capaces.

¡Claro que lo somos, pero nos falta actitud para empezarlas!

## GALLINA DECAPITADA

¿Has oído la expresión «andas como gallina sin cabeza»? Este dicho nos indica que sólo andamos dando vueltas sin llegar a un punto específico.

Tus metas están definidas por tus sueños de superación y de no ser uno más que vino a la Tierra sólo a gastarse el oxígeno. Los sueños requieren de un plan y de ponerlo en acción para construir una realidad ganadora y aprender mientras ejecutamos ese proceso.

¿Por qué la mayoría de las personas no son exitosas? Porque la manera más fácil y cómoda de vivir es no hacer nada, no intentarlo, no tener una razón, no sentir que se puede hacer la diferencia.

¿Por qué sólo unos pocos llegan a la cima? Porque son personas comprometidas con sus convicciones y con la disciplina. Por supuesto que es difícil, claro que pesa defender nuestras ideas; sin duda, la disciplina, como lo vimos en el mandamiento anterior, no es un paseo por la playa. Quien te diga que es fácil, está mintiendo.

El camino al éxito es incómodo, por eso son tan pocos los triunfadores.

Escribe aquí cinco cosas que te parecen muy difíciles, que te cuestan mucho trabajo, pero que sabes que son necesarias para alcanzar tus metas:

1.

2.

3.

4.

5.

Ahora piensa en cómo hacer que esas actividades sean divertidas para que puedas hacerlas con alegría:

1.

2.

3.

4.

5.

## Bajo presión

Las metas a veces acarrean estrés, pero debemos aprender a convertirlo en adrenalina para alcanzar nuestros propósitos.

Cuando nos planteamos un objetivo, es normal estar nerviosos al inicio, luego viene la emoción del proceso y, al final, la felicidad por el resultado. ¿Acaso no es algo grandioso? ¡Sí, lo es!

En el camino hacia el éxito aprendes a generar estrategias, a convertirte en líder, a tratar con tus emociones y a no escuchar a los detractores que te dicen que no lo vas a lograr. Aprendes a hacerte disciplinado, a ser comprometido y, al final, aprendes a ser exitoso.

## Beneficios de alcanzar tus metas

La gente no es exitosa porque aún no ha comprendido los grandes beneficios, el placer y el aprendizaje del proceso.

- A una persona exitosa la llaman constantemente para proponerle negocios.
- A una persona exitosa siempre la invitan a conocer las nuevas tendencias en tecnología.
- A una persona exitosa le extienden la mano los grandes inversionistas.
- A una persona exitosa le regalan un viaje en yate con los vinos más caros.
- A una persona exitosa le preguntan si necesita algo.
- Todos piensan que una persona exitosa posee las cualidades para ser un gran socio.

Éstas son sólo algunas de las oportunidades que aparecen en tu vida si sigues estos mandamientos hasta alcanzar tus metas. Léelas una y otra vez, imagina los privilegios que quieres alcanzar (visión) para que las utilices como motivación al planear tu próximo día. ¡Levántate de donde estés y persigue tus sueños!

> Nada te va a llegar sin verte en el espejo de los exitosos; por más empañado que lo veas ahora, pásale una toalla y verás de lo que eres capaz.

## EL PROCESO DE LOS SUEÑOS

¿Cómo vas a desarrollar un programa de metas? Aquí te doy los pasos.

**1.** Ten en mente lo que deseas y a dónde quieres llegar.

**2.** Comprométete a llegar a la meta.

**3.** Ten autocontrol y usa un diario para anotar tus tareas.

**4.** Detecta tus ventajas y úsalas: explota tu potencial.

5. Hazte consciente de cómo reaccionas ante las adversidades.

6. Disciplínate para lograr un objetivo.

7. Si quieres algo, debes hacer algo.

8. Si no puedes, busca ayuda.

9. No hagas caso de la gente negativa.

10. Plasma en imagen tu objetivo.

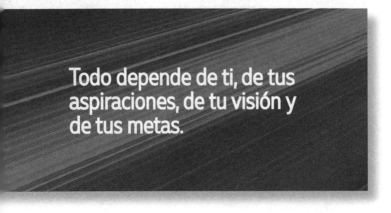

Todo depende de ti, de tus aspiraciones, de tu visión y de tus metas.

## EL FUTURO CERCANO

¿Cómo te ves en los próximos cinco años? Te digo cinco años porque las metas más motivadoras son a largo plazo.

La pandemia de Covid-19 nos ha confirmado aquella frase que dice que le cuentes tus planes a la vida para que ésta se ría de ti, pero nuestras metas y nuestra disciplina no pueden detenerse por lo que *quizá* pase mañana, eso harían los pesimistas de los que hablamos en un mandamiento anterior.

Trabaja siempre con un plan y una visión que te estimule a largo plazo.

> Si te emocionan tus metas, las puedes alcanzar. Si te apasiona tu objetivo, lo vas a obtener.

El éxito no es para todos, es para un pequeño porcentaje de personas que se comprometen y siempre tienen un plan, una visión y una misión por cumplir.

¿Por qué crees que hay abogados ricos y abogados pobres, ingenieros ricos e ingenieros pobres, doctores ricos y doctores pobres, ganaderos ricos y ganaderos pobres? El secreto está en tener metas y objetivos claros, además de un buen plan para alcanzarlos.

## MI HERMANO Y SUS CINCO VACAS

Hablando de ganaderos, me muero por contarles esta gran historia de mi hermano Leonel, porque fue el primero en la familia que se dedicó a esto.

Leonel compró cinco vacas para empezar su *gran* imperio de ganado; las dejó en manos de sus dos sobrinos para que cuidaran de ellas. Días después, se trasladó a Arizona, donde vive.

A los seis meses regresó para ver el progreso de los animales y se emocionó al saber que estaban cargadas y pronto tendrían crías.

Otros dos hermanos se emocionaron y también compraron las suyas, pero ellos mismos las cuidaban, mientras Leonel lo hacía a través de sus vaqueros.

Hasta esta fecha, Leonel sigue teniendo sus cinco vacas y mis otros dos hermanos están comprando más terreno porque el ganado se ha incrementado enormemente y hay ordeña, hay quesos, panelas frescas y cada año organizan venta de carne, porque algunos ejemplares se van poniendo viejos y no sirven para producir.

¿Por qué Leonel sigue con las mismas con las que empezó? Porque le faltó visión, no hizo un plan para llegar a una meta bien clara y definida. Encargó el negocio a personas que vendían cada cría y tomaban el dinero por concepto de pago.

Tus objetivos deben ser específicos y definidos.

Si tu meta es una casa, debes pensar en cada detalle, en los metros cuadrados, el número de cuartos y baños, sala y jardín; debes tener la visión incluso del color exacto del que vas a pintar la fachada. El problema radica en que no somos claros en lo que queremos.

¿Dónde estás y hacia dónde te diriges? ¿Cuánto tiempo durará el recorrido?

Te invito a desafiarte a ti mismo y a ser mejor. Una buena dosis de ánimo y una porción de motivación serán suficientes para que te enfrentes al campeón más peligroso de todos los tiempos; demuéstrale que has sido elegido para ser exitoso. No más postergaciones, no más encargar tus vacas a los demás. Éste es el momento que estabas esperando.

Enfrenta a quien te impide llegar al éxito y a la riqueza, porque esa persona eres tú.

SI TIENES UNA **VISIÓN**, **ENFÓCATE** EN ELLA, **DISCI-PLÍNATE** PARA ALCANZAR ESAS **METAS** QUE TE HAS FIJADO. HAY UN LUGAR PARA TI EN EL MUNDO DE LOS TRIUNFADORES, SIGUE ESTE CAMINO PARA ALCANZAR EL ÉXITO.

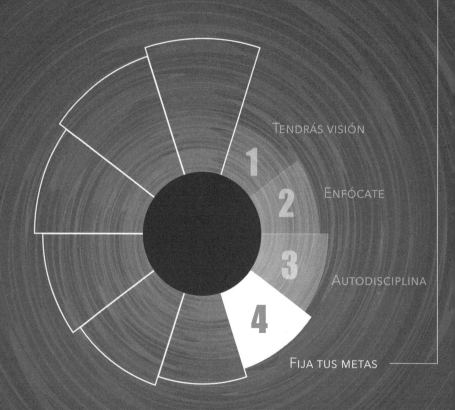

1 TENDRÁS VISIÓN

2 ENFÓCATE

3 AUTODISCIPLINA

4 FIJA TUS METAS

## ¿CÓMO LO LOGRÉ?

Cuando llegué a Estados Unidos, en 1995, sólo traía tres cambios de ropa que debían durar dos meses.

El compromiso con dos de mis hijos era grande, y mi salario se iba en la renta, comida y su manutención. Luego de esos dos meses empecé a comprar playeras de un dólar en una tienda de segunda mano llamada Goodwill. En mi licencia de conducir aún aparezco vistiendo esa ropa.

Tiempo después, me mudé a Arizona, donde encontré un empleo que me permitió hacer planes para comprar mi primera casa y comenzar a cumplir mis propósitos. Luego, fijé mi mirada en algo más grande: ser director de dos radiodifusoras en Tucson.

Me convertí en el locutor número uno en mi turno. ¿Cómo lo logré? Siempre tenía un plan, una táctica para cada día.

También me convertí en el programador número uno. ¿Cómo lo logré? Tenía un plan y una meta bien establecida.

Me pagaban muy bien y me promovían con estímulos cada tres meses, por ser el mejor. Las fórmulas y las estrategias, cuando se llevan a cabo, siempre llevan a un final feliz.

> **Aprendí a invertir y compré tres casas, porque ésa era mi meta.**

# ACTIVIDAD
## CUARTO
## MANDAMIENTO

Ya que te di un pequeño método para alcanzar tus metas, es hora de pasar a la acción, porque las cosas no se hacen solas ni el éxito llega nada más poniendo cara bonita.

Piensa en una meta pequeña, que puedas alcanzar en una o dos semanas, y aplica el proceso del que hablamos en este cuarto mandamiento.

**1.** Ten en mente lo que deseas y a dónde quieres llegar.

Escribe una pequeña meta a corto plazo:

**2.** Comprométete a llegar a la meta.

Escribe algunas palabras que te sirvan para prometerte a ti mismo que harás todo lo que esté a tu alcance para cumplir esta meta.

**3.** Ten autocontrol y usa un diario para anotar tus tareas.

Lleva aquí una pequeña bitácora de las acciones que vas a realizar para cumplir la promesa que te has hecho:

**4.** Detecta tus ventajas y úsalas: explota tu potencial.

Haz una lista de las virtudes que te permitirán alcanzar este objetivo:

**5.** Hazte consciente de cómo reaccionas ante las adversidades.

Sé sincero y escribe cuál es tu actitud cuando se presentan obstáculos para alcanzar tus propósitos:

**6.** Disciplínate para lograr un objetivo.

Cómo vas a controlar a esos demonios que no te dejan evolucionar hacia el fin que pretendes:

**7.** Si quieres algo, debes hacer algo.

Y, bueno, ¿cuáles serán las acciones que emprenderás?

**8.** Si no puedes, busca ayuda.

¿En quiénes confías para pedir apoyo?

**9.** No hagas caso de la gente negativa.

Haz una lista negra de «contactos bloqueados», como en tu teléfono móvil, para que no obstaculicen tu objetivo:

**10.** Plasma en imagen tu objetivo.

Realiza un pequeño dibujo de cómo imaginas que será alcanzar esta meta:

Ahora que has alcanzado una meta pequeña, es hora de mirar hacia las más grandes.

# QUINTO
# MANDAMIENTO
# DEL
# ÉXITO

# INVIERTE
## EN TI

La inversión más redituable siempre ha sido y será poner todos los recursos en el más grande de tus proyectos: tú mismo, pues sólo a través de tu crecimiento aportarás valor al mundo y a la gente que te rodea.

El desarrollo personal se consigue gracias a:

- Leer mucho.

- Cuidar tu salud.

- Asesorarte con expertos.

La gente exitosa busca afanosamente estar sola, porque durante el aislamiento lee, devora libros y más libros, investiga, escucha audiolibros, ve documentales, visita museos y asimila puntos de vista de especialistas. Toma su aprendizaje como un pasatiempo.

Cuando alcanzas el éxito verdadero, comienzas a abrir tu mente, lo que te pondrá en el lugar que has soñado y te conducirá a la conclusión de que tener salud es una de las partes fundamentales de la grandeza. Tener una alimentación balanceada y revisarte con el médico regularmente.

Asesorarte con expertos te llevará al siguiente nivel. Es bueno tener un coach que te guíe con sus técnicas y experiencia.

Es muy importante mantenerte receptivo y con la mente abierta para asimilar el conocimiento y la sabiduría.

Haz una lista de cinco libros que te hayan impactado:

1.

2.

3.

4.

5.

Si no pudiste llenar estos renglones, estás en problemas y debes replantear tu manera de hacer las cosas.

¿Cuándo fue la última vez que acudiste al médico para una revisión general de rutina?

Si fue hace más de seis meses, deberías pensar en salir corriendo ahora.

Recuerda que no hay evolución sin aprendizaje y que es más difícil alcanzar el éxito desde la cama de un hospital.

## El poder de los libros

A lo largo de la historia, los libros y sobre todo sus autores han cambiado la manera de ver al mundo; por mencionar sólo a uno de estos intelectuales, hablaré de **Miguel de Cervantes Saavedra**, a quien se considera el fundador del español moderno gracias a su visión, enfoque, disciplina, conocimiento y a fijarse una meta específica con su *Don Quijote de la Mancha*.

Cuatro siglos más tarde, Elon Musk, considerado un genio por muchos, se ha convertido en un generador de ideas novedosas. Ha desarrollado su capacidad como inventor, empresario, pionero espacial, fabricante de cohetes reusables y de vehículos eléctricos, entre otras. Sus virtudes han alcanzado su potencial gracias a que es un incansable lector. Se dice que una vez le preguntaron de qué manera aprendió tanto sobre cohetes; su respuesta inmediata fueron dos palabras: «Leo libros».

Ejemplos de personajes que revolucionaron al mundo gracias al aprendizaje hay muchísimos, y todos tienen en común haber invertido en sí mismos.

A veces, la palabra «libro» asusta a ciertas personas. Si quieres cumplir con este mandamiento no es necesario que empieces a devorar una enciclopedia sin tener clara su utilidad.

Hay textos que requieren de un bagaje previo, y leerlos de manera obligada sólo causará un efecto contrario.

Tampoco es una obligación que leas cualquier cosa sólo por leer, porque hay bastante basura impresa que no sirve para nada. No le hagas mucho caso a volúmenes que circulan por ahí, como *Los mil libros que debes leer antes de morir*, que contiene los resúmenes.

Leer debe ser un placer.

## No sé, PERO QUIERO APRENDER

Aprender selectivamente es la parte más importante de este mandamiento, por lo cual debemos tener un alto grado de curiosidad al buscar acceso al conocimiento.

Quizá un sano «no sé» nos ayude mucho; en la medida que profundicemos en nuestra necesidad de aprender, perfeccionaremos el filo de nuestras preguntas antes de empezar a leer algo.

Octavio Paz afirmaba que uno de los grandes problemas de nuestra sociedad es que «confundimos la felicidad con el entretenimiento». Si quieres diversión y nada más, cierra los ojos y haz lo que se te antoje, pero si tu interés en superarte es real, tendrás que ser más cuidadoso con lo que tu mente consume.

> **No malbarates tus recursos irrecuperables en contenido que sólo adormece tu cerebro.**

## RECUERDOS

Hagamos un viaje por tu vida. Seguramente hay momentos que ya has olvidado. Es obvio que al nacer no sabías caminar o hablar, tu cabeza era un disco duro nuevecito; sin embargo, poco a poco has adquirido experiencia y conocimiento.

Una vez que empiezas, ya nunca más dejarás de leer, incluso en tus sueños o dibujando letras en la arena de alguna playa. Lees cuando manejas por la carretera y te atacan sin piedad esos enormes letreros publicitarios. Incluso si quieres perder el tiempo en redes sociales necesitas saber el significado de cada palabra.

También es recomendable probar la eficacia de los audiolibros. Los puedes asimilar en diversas circunstancias, incluso manejando, como si el autor fuera tu copiloto.

Aunque tratemos de evitarlo, siempre estamos y estaremos leyendo. Es una condena. Con habilidad e inteligencia, más despiertos y críticos que adormilados, separando lo que nos deja una enseñanza y lo que es puro contenido insustancial, podremos convertir esa cárcel en un paraíso.

Para bien o para mal, para refutar, aplaudir, rechazar, lamentar o alabar una frase publicitaria, el título de un artículo de prensa o el error en la dicción de un periodista de la televisión, es necesario tener un punto de vista informado y cultivar tu capacidad de análisis para poder dar una opinión certera.

## LA SALUD DEL ÉXITO

Estudiando las palabras de los autores más sabios y de los más ricos del mundo, he adoptado una filosofía de salud: ninguna persona exitosa se alimenta con comida chatarra, ningún rico come grasa y carbohidratos en exceso.

Se ha comprobado que un ser humano exitoso, triunfador en los negocios, invierte en su salud, en alimentarse correctamente, en hacer ejercicio todos los días. Algunos tienen un chef particular y un nutriólogo que les dicta las porciones que deben consumir.

Los triunfadores han llegado a la conclusión de convertirse en veganos, o lo más cerca a ello. Se les ve la cara de ale-

Esto también es invertir en uno mismo.

gría y tienen un color más sano. Algún ignorante le atribuirá esto a la "buena vida" dirá que es por la "buena , y tendrá razón, pero no en el sentido negativo, sino en el positivo, que no es otra cosa que inversión intelectual, espiritual y física.

¿Qué alimentos, que sabes que no te hacen bien, forman parte de tu dieta? Intenta dejarlos poco a poco.

Las personas realmente exitosas son creativas y fundan organizaciones para ayudar a quienes más lo necesitan, y a esto se le llama **gratitud**.

## TU MANO EN EL BOLÍGRAFO

No olvides que tú también tienes la capacidad de escribir, y esto es fundamental cuando especificas cuáles son tus metas en la vida. Anótalas, ponles el nombre más exacto posible, fecha de inicio y fecha tentativa para lograrlas; no dejes de leer esas palabras cada cierto tiempo para que no te desvíes del objetivo central.

Leerte a ti mismo es una parte indispensable de este mandamiento, para que no abandones ni te extravíes en la búsqueda de lo que de verdad importa en tu camino hacia el éxito.

Te invito a que nunca dejes de aprender.

## GUÍAS DE VIDA

Cuando acudimos a un coach o a un consejero, nos acerca-mos a alguien que tiene un conocimiento superior al nuestro y sabe de qué manera guiarnos para alcanzar un objetivo.

> Al contactar a un asesor, debes tener la mente muy abierta para recibir sus sugerencias y aprender.

Un coach te enseñará estrategias, formas y técnicas para mejorar tu rendimiento y te mostrará cómo estabas antes, cuánto has avanzado y hasta dónde puedes llegar.

Un verdadero guía no es el compadre que con unas cervezas encima se pone a dar consejos, ni el amigo de la cuadra que se cree más vivillo que los demás. Cuida en qué manos te pones.

## PRIORIDADES

Lo elemental en esta etapa de nuestro desarrollo es de-terminar prioridades en el modo correcto. No podemos tratar de jugar futbol y básquetbol simultáneamente. Cada juego se debe desarrollar en un lugar distinto y, si pretendemos estar en ambos, uno será prioritario.

Si lo que quieres es aprender a manejar vehículos de carga, tendrás que buscar a un especialista que te oriente, te informe, te asesore y enseñe cómo operarlos; así ocurre con todo en la vida.

El autodesarrollo, igual que la autodisciplina de un mandamiento anterior, es un proceso ascendente. Se inicia en la infancia, cuando te enseñan a caminar y a que las caídas son parte indispensable del aprendizaje.

Por mucho que aprendas, siempre necesitarás saber más y más. «El saber no ocupa lugar», decía mi abuelo.

JAMÁS RENUNCIES AL SABER, A TU **VISIÓN**, A TU **ENFO-QUE**, A LA **DISCIPLINA**, A TUS **METAS** Y A **INVERTIR** EN TI MISMO A TRAVÉS DEL ESTUDIO. JAMÁS DEJES DE PREPARARTE, PORQUE EL MUNDO NUNCA DEJARÁ DE GIRAR.

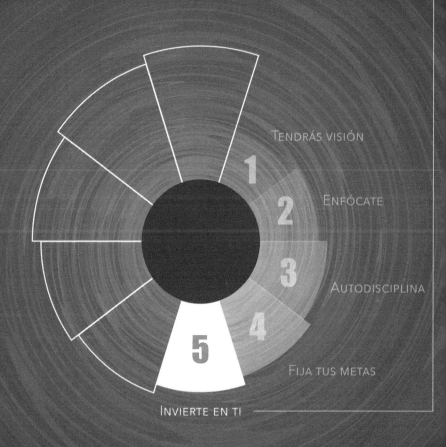

1 TENDRÁS VISIÓN

2 ENFÓCATE

3 AUTODISCIPLINA

4 FIJA TUS METAS

5 INVIERTE EN TI

## LOS LIBROS Y YO

Comencé a leer por placer, como pasatiempo, cuando cursaba la secundaria. Devoraba publicaciones de contenido como *Selecciones*, que me llenaba de datos e historias reales, con estadísticas comprobadas, al estilo del *New York Times*.

Años después, por accidente, en mi departamento, andaba rodando un libro que mi primo seguramente había hurtado de una biblioteca; se trataba de *El tesoro de Sierra Madre*, de B. Traven. Me gustó su manera de describir al pueblo y al hombre chamula del estado de Chiapas.

Casi me hice adicto a comprar libros y leerlos, a saborearlos renglón por renglón.

Pronto fui cambiando de lectura porque me interesó la superación personal. Comencé por *Más allá de la cumbre*, de Zig Ziglar; llegué a John Maxwell, con *Actitud de vencedor*, el cual he regalado a varios amigos.

Tengo mucho que agradecer a las enseñanzas de Bob Proctor, a quien conocí en audiolibro cuando más jodido me encontraba, después de una ruptura amorosa. Su libro *Tú naciste rico* me enseñó muchas cosas, lo mismo que la sabiduría de Jim Rohn.

Cuando mis ojos apuntaron hacia los negocios leí *El hombre más rico de Babilonia*, de George S. Clason. Pasé por autores como Brian Tracy, Robert Kiyosaki, Wallace D. Wattles y Tony Robbins, que me han enseñado las estrategias para ganar dinero.

Después me interesé en tener paz mental y llegaron a mi vida *Como un hombre piensa, así es su vida*, de James Allen; *El monje que vendió su Ferrari*, de Robin Sharma, y *La plegaria secreta*, de Joe Vitale. Se filtró en mi tranquilidad emocional Sadhguru, con *Ingeniería interior*, y empecé a conocerme más. Con Steve Allen he descubierto que los miedos y las barreras sólo están en mí, y en nadie más.

Existen dos libros que han quedado especialmente tatuados en mi mente: *Piense y hágase rico*, de Napoleon Hill y la Biblia.

Puedo mencionar muchos más, pero sólo quiero dar una muestra para inspirarte a que te conviertas en un buscador de lectura según lo que te interese en la vida.

Hoy, estoy interesado en maximizar mi salud, entonces, una amistad me recomendó *Cómo hacer que te pasen cosas buenas*, de Marian Rojas Estapé, que me ha impresionado notablemente y me llevó a *Comer para sanar*, de William W. Li, quien escribió una frase que me encanta: «Podemos comer para que el cáncer muera de hambre».

Como podrás deducir, leer es un ejercicio fascinante para tus ojos y para tus neuronas. Gracias a la lectura, la mente se agiliza y rejuvenece, como si diera una caminata que le da más vida.

> Si sabes, cuando leas mucho, sabrás que sabías menos.

# ACTIVIDAD
## QUINTO
## MANDAMIENTO

Te reto a que leas un texto cualquiera, pero que te llame la atención y te cause curiosidad. No tiene que ser un libro de quinientas páginas, puede ser el artículo de una revista o un cuento; algo que puedas digerir sin problemas, si es que no eres un lector experimentado.

Anota aquí las cosas que no entendiste o las dudas que surgieron a partir de la lectura.

Ahora, ve a investigar lo que no te quedó claro, ya sea en internet (cuídate de hacerlo en sitios confiables), en una biblioteca o pregunta a alguien con mayor conocimiento en el tema. Escribe aquí tus resultados:

**Felicidades, ahora eres un poco más sabio. Se siente genial, ¿no?**

SEXTO
MANDAMIENTO
DEL
ÉXITO

6

# ADMINISTRA
# TU TIEMPO

Forma hábitos; las personas exitosas llevan una agenda y planean a corto, mediano y largo plazo. Quien administra bien su tiempo, tendrá minutos hasta para vender.

Le preguntaron a la madre Teresa de Calcuta: «¿Cuál es el día más bello?». Ella dio una de las respuestas más sencillas y más hermosas que he escuchado: «Hoy».

Aquí, en Estados Unidos, el país que me adoptó y al que he conquistado con trabajo, mucha gente repite incansable la frase «*Time is money*» (el tiempo es dinero). Este enunciado tiene su origen en un ensayo de Benjamín Franklin, llamado *Consejos para un joven comerciante*. Y no es de extrañarse, porque este país se encuentra en la cima de la economía mundial.

> Otra expresión muy trillada es: «El tiempo es oro». ¿Y si lo pensáramos al revés? «El oro es tiempo».

## TIEMPO DE TRIUNFAR

Ahora les voy a hablar de lo que realmente pienso sobre cómo administrar el tiempo como lo hacen los exitosos.

Gestionar el tiempo es igual de importante que tener control sobre lo que hacemos, y la posibilidad de conseguirlo está proporcionalmente ligada a la disciplina.

El tiempo es fundamental para aumentar tus resultados en los negocios y para que puedas disfrutar de tu vida familiar o tu día libre para recargar energía (porque recuerda que el descanso es esencial si eres un emprendedor o dueño de una compañía).

## VIVIENDO EN LA LUNA

Uno de los peores enemigos para administrar el tiempo, y un asesino del éxito, es la distracción.

¡Si no te concentras, extravías tu **visión**, pierdes **enfoque**, echas a perder la **disciplina**, nublas tus **metas**, desperdicias lo que has **invertido** en ti y el **tiempo** se escapa como el agua entre los dedos! Es decir, tiras por la borda todos los mandamientos que hemos conquistado.

Las distracciones son placenteras, son como vivir de vacaciones en la luna sin hacer nada, como dar un dulce a un niño sabiendo que le hace daño, son la puerta de entrada al fracaso, porque no se llevan en absoluto con tus objetivos.

> Procura que el ocio no se convierta en un hábito porque será más lento llegar a tus metas.

## EFICACIA

Saber cómo administrar el tiempo para tomar decisiones importantes es un factor urgente para llegar al éxito, casi sin escalas.

**Ser productivo no significa llegar más temprano y salir más tarde, sino ser más eficaz para ejecutar los planes.**

Los grandes cerebros en Silicon Valley, en Google, en Apple o en Microsoft, llevan una agenda diaria como herramienta para detectar las prioridades. Todo está basado en la producción y en resultados.

Yo uso una agenda de trabajo con un calendario que me marca un año de planeación, y lo refuerzo con un *software* llamado Monday.com, el cual me indica cómo van los proyectos, dónde se está trabajando, cuál está terminado y cuál se canceló.

**Priorizar es tomar las tres tareas más importantes del día y disciplinarte para cumplirlas en tiempo y forma.**

## QUE NADA SE TE ESCAPE

Entrena tu mente y agiliza tu pluma en el papel, porque todo lo que pienses lo debes llevar a la libreta de trabajo.

A veces nos creemos multifuncionales y queremos hacer varias actividades a la vez; esto te llevará a hacer las cosas a medias y a disminuir la calidad de tu trabajo.

Qué te parece si empiezas a hacer una tarea a la vez, de esta manera tu rendimiento será más efectivo y de buena calidad.

> **Priorizar las actividades y organizar el tiempo siempre te llevará a la excelencia.**

Imagínate cumplir con tres tareas importantes por día; si las sumas, serían quince a la semana; irremediablemente, tu efectividad sumaría 750 al año, dejándote dos semanas de vacaciones como premio al mejor ejecutivo de todos los tiempos.

Si esto se te complica, puedes empezar por hacer una tarea por día, y ésta debe ser una orden militar, o sea, que se debe terminar, y punto. Entonces estarás cumpliendo con cinco por semana, 254 al año.

Con este calificativo de rendimiento podrás imponer un récord Guinness.

### Tiempo muerto = tiempo tirado a la basura

Las cosas más entretenidas, si no pertenecen al tiempo de descanso, son puro y mortal ocio.

Veamos cuánto tiempo le dedicas a redes sociales y a basura en internet; basura entretenida, según tú; basura nociva para el éxito, según yo.

Debemos distinguir entre lo productivo y lo que genera entretenimiento inmediato y pasajero.

Si dedicas treinta minutos en la mañana a perder el tiempo, treinta a mediodía, treinta por la tarde y otros treinta por la noche, el total son dos horas diarias.

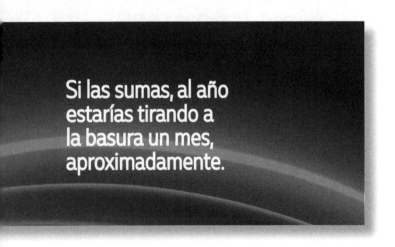

Si las sumas, al año estarías tirando a la basura un mes, aproximadamente.

Y si le añadimos las pláticas sin sentido convertidas en mitotes vacíos, sumaríamos otro mes.

SUMANDO

Qué te parece si empezamos a ver las proyecciones más positivas y nos concentramos en ser más eficaces:

> **Cuando tomes la decisión firme de realizar transformaciones morales e integrales sobre ti mismo, estarás mirando al éxito cara a cara.**

¡Toma la decisión de dejar los malos hábitos y adoptar los buenos! ¿Cómo? Analizándote, conociéndote mejor, estando al tanto de tus fortalezas para explorarlas y siendo consciente de tus debilidades para mejorarlas.

Haz una lista de tus buenos hábitos, tus virtudes y tus cualidades:

Ahora haz otra lista de tus vicios, de tus defectos y tus desventajas. Escribe cómo superarías cada uno de ellos:

| Vicios, defectos y desventajas | Cómo convertirlos en algo positivo |
| --- | --- |
| | |
| | |
| | |
| | |
| | |
| | |
| | |
| | |

**Tu tiempo es tan valioso, que no puedes perderlo en boberías.**

## Mantras

Maximiza el tiempo buscando objetivos para mejorar los resultados en todo lo que emprendes.

Utiliza mantras para que tu cerebro cree nuevos hábitos. ¿Cómo es eso? Con frases motivadoras al despertar:

- Soy el mejor ejecutivo y me enfoco en cumplir mis metas.
- Soy imparable, no pierdo el tiempo en tonterías.
- No voy a ver redes sociales y voy a concentrarme en llegar a mis metas.
- Por mi bien y por mi familia, estoy en camino al éxito.

Puedes utilizar éstas u otras frases que vayan en función de tus metas y tus necesidades; repítelas durante el día todas las veces que puedas, hasta que se conviertan en hábitos buenos. Te dejo algunas otras:

- No pierdo el tiempo pensando en el pasado, en lo que pudo ser y no fue.
- No pierdo el tiempo en reuniones que sólo se convierten en nidos de víboras.
- Evito perder el tiempo con personas que no suman a mi vida.

## Minutos y segundos

Los ricos y pobres cuentan con los mismos segundos, minutos, horas y días. La diferencia es cómo utilizan el tiempo.

La gente exitosa abre la puerta del tiempo para determinar en qué lo va a emplear.

No te duermas sólo pensando, aprovecha, abre los ojos y actúa.

El sexto mandamiento engloba mucho de los anteriores, y eso es debido a que el éxito no depende de una sola cosa, debe venir acompañado de un cambio general en nosotros. Sin el tiempo, nada es posible, dicen algunos científicos modernos, así que aprovéchalo para maximizar eficientemente tu **VISIÓN**, **ENFOQUE**, **DISCIPLINA**, **METAS** E **INVERSIONES** EN TI.

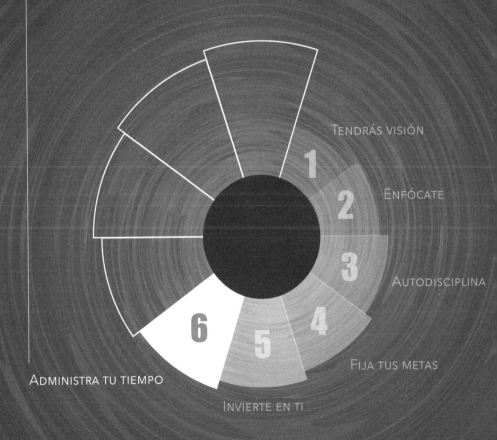

Tendrás visión

1

2

Enfócate

3

Autodisciplina

4

6

5

Fija tus metas

Administra tu tiempo

Invierte en ti

## MÉTODO EFECTIVO PARA ADMINISTRAR EL TIEMPO

**1.** Crea una lista de prioridades

Organiza tus tareas, comenzando con las más importantes hasta las básicas.

En los negocios se presentan muchas juntas y, si se relacionan con cerrar un trato, te sugiero que esas citas las pongas a primera hora. Si el ejecutivo con el que te vas a ver comienza a trabajar a las 9:00 de la mañana, que tu encuentro se concrete a las 9:15. Siempre debes ser el primero, de esa manera, tu contraparte tiene la mente fresca y viene contento de su casa. ¡Aprovecha esta alegría para que firme el contrato!

**2.** Descansa

Cuando tengas espacio para despejarte del trabajo, hazlo. Procura momentos de relajación.

No te pongas a resolver problemas personales y familiares durante el tiempo de los negocios, ni trates de resolver asuntos de trabajo mientras convives con tus seres queridos, a menos que se trate de una emergencia.

Disfruta cada instante para recargar energía, para que a tu regreso seas imparable y productivo.

**3.** Usa la técnica Pomodoro

Consiste en hacer pausas de cinco minutos por cada veinticinco de concentración en el trabajo. Esto te relaja para que puedas despejar tu mente y enfrentar nuevos desafíos.

**4.** Trabaja en equipo

No tienes que hacerlo todo tú directamente. Ésta es una oportunidad para demostrar tu liderazgo.

Quítate ese vestido de «Para que las cosas salgan bien, tengo que hacerlas yo mismo». Es importante delegar funciones a gente de confianza.

**5.** Limpia tu agenda

Es prudente que cada prioridad que se vaya finalizando esté debidamente marcada como terminada, para eso te ayudarán programas de *software*.

Las prioridades que llevan tiempo seguirán mostrándose como pendientes y no habrá confusión, esfuerzos duplicados ni energía desperdiciada.

**6.** Usa la tecnología a tu favor

Existen aplicaciones y programas gratuitos que pueden agilizar tu desarrollo en cada tarea. El más popular es Monday.com, el cual puedes configurar a tu estilo; no es complicado y provee la mayoría de funciones para indicar qué tan cerca te encuentras de una meta.

# ACTIVIDAD
## SEXTO
## MANDAMIENTO

Muy sencillo: te invito a que apliques en un solo día el método anterior. Hazlo paso a paso, planea desde una noche antes lo que harás desde que abras los ojos.

**1.** Crea una lista de prioridades

Esto lo puedes hacer desde antes de ir a dormir, dependiendo de todo lo que quieras lograr el siguiente día. Pon aquí tu lista:

**2.** Relájate y desconéctate del trabajo: descansa

Una vez que hayas hecho tú lista, duerme bien para levantarte con ánimo y emprender las acciones que te llevarán a cumplir con tus metas diarias.

**3.** Usa la técnica Pomodoro

Una vez que comiences con tus tareas, tómate un momento para respirar y hacer un recuento de tus logros. Escribe aquí algunos mantras que te ayuden a relajarte:

**4.** Trabaja en equipo

Escribe una lista de personas a las que puedes acudir en caso de atorarte en alguna actividad durante el día:

**5.** Limpia tu agenda

Durante tu jornada, toma la lista inicial y descarta las tareas que ya has completado.

**6.** Usa la tecnología a tu favor

Si no tienes algún *software* o aplicación ya instalados, utiliza los recursos de tus dispositivos electrónicos para optimizar tu tiempo.

Ya que terminaste un día exitoso, prueba este método una semana, luego un mes y así, hasta volverlo un hábito.

# SÉPTIMO MANDAMIENTO DEL ÉXITO

# ARRIÉSGATE

EL QUE NO HA TOMADO RIESGOS, NO HA
EMPEZADO SU HISTORIA, Y PARA ESO DEBES
SER AMBICIOSO, APASIONADO, PERSUASIVO,
PACIENTE, SEVERO, TENER LOS PIES EN LA
TIERRA Y LA CABEZA EN EL FUTURO.

No cualquiera arriesga su trabajo para emprender un negocio.

No todos arriesgan su integridad, sabiendo que pueden ser blanco de burlas.

No cualquiera toma el riesgo de abandonar a sus padres para apostar por otras oportunidades, aun sabiendo que puede dejar su vida en el camino.

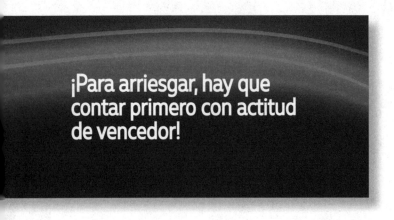

**¡Para arriesgar, hay que contar primero con actitud de vencedor!**

## TEMERARIO EN LÍNEA

Detrás de Jeff Bezos, presidente de Amazon, hay una historia de riesgos digna de los héroes del viejo Oeste. Este empresario, actualmente cuenta con más de 211 mil millones de dólares en su cartera. ¿Cómo creó semejante imperio? Se los cuento.

Jeff es hijo adoptivo Miguel Bezos, un cubano inmigrante. El niño se la pasaba en el rancho de sus abuelos maternos en Cotulla, Texas, donde aprendió a cuidar del ganado. Era un chico brillante, ingenioso, apasionado por los aparatos electrónicos y nunca se conformaba.

En 1994 renunció a Wall Street, tomó el riesgo y reunió a sesenta familias, amigos y otros temerarios para que invirtieran 50 mil dólares en una idea revolucionaria: crear un punto de venta de libros por internet. Sólo convenció a veintidós, entre ellos sus hermanos y sus padres, quienes le confiaron 300 mil dólares.

Desde el garaje de su casa, en Seattle, puso en marcha Cadabra, una librería online que vendió su primer ejemplar en 1995 y pronto se convirtió en Amazon, la tienda virtual más exitosa del mundo. Salió a la bolsa de valores, creció y cayó para volver a disparar sus resultados; pronto revolucionó el comercio electrónico mundial. Opera en nueve de los diez sectores industriales más grandes de Estados Unidos.

Jeff Bezos se ha convertido en uno de los hombres más ricos del mundo. Una de sus frases que más me impacta es:

«Si no puedes tolerar las críticas, no hagas nada nuevo ni interesante».

## EL RIESGO DE CAER

Sobran los nombres y los increíbles ejemplos de personajes que se atrevieron a tomar riesgos gigantescos y triunfaron, a veces pagando con su propia vida, pero dejando un legado en la historia.

El riesgo no es una invención arbitraria, incluso en su dimensión más cotidiana, es una constante, un pariente muy cercano del peligro, una realidad que tiene muchas manifestaciones.

El riesgo vive en cualquier primera experiencia.

Está en el primer paso de un bebé, en el primer día de escuela de un niño, en lo que debe decirse en una primera cita romántica o en una entrevista para obtener un empleo.

El primer paso del riesgo consiste en caer, pero lo que vale es no detenerse en el tropiezo, sino dar un segundo y hasta un tercer paso hasta adquirir o recuperar la capacidad de caminar y correr.

Recuerda que los riesgos se toman con consciencia y conocimiento, no se trata de lanzarse al abismo sin paracaídas.

¿Cuándo fue la última vez que tomaste un riesgo? ¿Saliste victorioso o aprendiste de la derrota? Escribe aquí cuál ha sido la diferencia de tomar un riesgo a lo tonto o arriesgarte elaborando un plan.

<br><br><br><br><br><br><br><br><br><br>

## EL FRUTO DE ARRIESGARSE

Si alguien no hubiera tomado riesgos en el pasado, quizá no tendríamos maravillas como la radio, los vehículos en los que nos movilizamos, los celulares que ahora nos parecen tan normales, el internet, las grandes obras de arte, etcétera.

El avance de la humanidad es el fruto de la **visión** de gente con mentalidad positiva, que supo **administrar** su tiempo, que pacientemente **invirtió** en sí misma, educándose más allá del promedio para leer en el futuro.

Lo que nos corresponde es tomar el riesgo, aunque haya un peligro, tal como lo han hecho muchos valientes inventores que han descubierto las ventajas prácticas al fabricar algunas de las herramientas que nos facilitan la vida moderna.

## EL PELIGRO

Valiente es aquel que toma riesgos y desoye a los pesimistas. Valiente es quien lucha y decide crear una nueva empresa.

Los únicos que no toman ningún tipo de riesgo son los pusilánimes, los conformistas que siempre se acobardan diciendo y pensando que están «muy bien», aunque de hecho se encuentren sumergidos en la inacción más penosa.

Todo movimiento arriesgado implica peligro, claro, pero éste se hará pequeño si estudiamos cada situación, tenemos disciplina, control y un buen plan.

## RIQUEZA EN MOVIMIENTO

Toman riesgos los campesinos en sus ejidos a la espera de que llueva y puedan obtener una buena cosecha. Vivir es un riesgo que vale la pena por el aprendizaje que obtenemos.

Una de las manifestaciones más dramáticas de lo que implica tomar riesgos la representan los migrantes y los perseguidos, los hambrientos y los pobres, que encarnan un aspecto social nada nuevo, ya que la continua aventura de buscar una tierra prometida, para sobrevivir y vivir en libertad, ha permitido el levantamiento, el derrumbe y la enriquecedora mezcla de grandes civilizaciones.

Hay gente que pretende ignorar que los migrantes son seres humanos valientes que dejan atrás su cultura, su lenguaje, sus costumbres y hasta a sus familias en busca del bienestar que se les niega en su suelo natal. Llenos de ilusión y de energía, salen de sus pueblos. Se transportan en lo que sea. Caminan hasta romper sus zapatos. Comen mal y sólo a veces. Cargan mochilas pesadas. Cruzan ríos y arroyos, alambradas y muros, cerros y fronteras, puentes y autopistas. Son *atrevidos*, en el buen sentido de la palabra. Saben que hay riesgos, pero, aun así, no se dan por vencidos. Contra viento y marea, al paso de los años triunfan en Estados Unidos, en Canadá o en algún otro país que los acoge. Ahorran dinero, se informan, hacen planes y viajan.

**Los migrantes enriquecen la cultura del país que los recibe y son brazos poderosos que fortalecen la economía.**

## EVOLUCIÓN DE RIESGO

El riesgo no tiene géneros ni estratos sociales o económicos; tampoco tiene que ver con asuntos raciales. Es universal. Lo corren por igual los gobernantes al tomar sus decisiones, los abogados al interpretar las leyes, los ingenieros y topógrafos, los albañiles al construir una casa, los artesanos al comenzar un proyecto, los choferes al conducir un camión de carga, los chefs en los restaurantes al experimentar con una nueva receta, los geólogos picando piedras a ver si descubren una mina.

El riesgo es tan natural, que en el ADN existen zonas llamadas intrones que están ahí para provocar las mutaciones que han dado paso a la evolución.

## LO MEJOR Y LO PEOR

Con una cara agridulce, un amigo me dijo que, en su opinión, contraer matrimonio es una forma de riesgo, porque una cosa es la delicia del noviazgo y otra cosa muy distinta tener que convivir como marido y mujer.

Tomar riesgo, por lo tanto, puede ir desde lo más complejo hasta las situaciones más simples. Hay una pregunta crucial:

¿Quieres arriesgarte para alcanzar el tipo de vida que anhelas o prefieres conformarte con algo que no deseas, que no te gusta y que no mereces?

La respuesta es muy obvia: entre lo mejor y lo peor, siempre querremos lo mejor. La decisión depende de cada persona, de la voluntad y del esfuerzo, de la determinación y del trabajo inteligente.

## EMPRENDER

Tomar riesgos es un mandamiento que se debe cumplir. Su ejercicio práctico está condicionado al verbo «emprender».

Significa «comenzar una obra o un negocio, especialmente si encierra dificultad o peligro».

Nuestros padres y abuelos decían lo mismo con frases muy sencillas: «Quien no se arriesga, no cruza el río», «El que no arriesga, no gana» y «Quien no se mete al agua, nunca aprende a nadar».

Nadie hará por ti nada mejor que tú mismo. Eres tú quien tiene que arriesgarse e ir por el éxito.

Si quieres alcanzar tu destino y no tomas un boleto de avión, nunca llegarás, te quedarás en donde estás. Reacciona. Invierte, porque el *ticket* no es gratis. Toma el riesgo y avanza. Sigue estos mandamientos para el éxito.

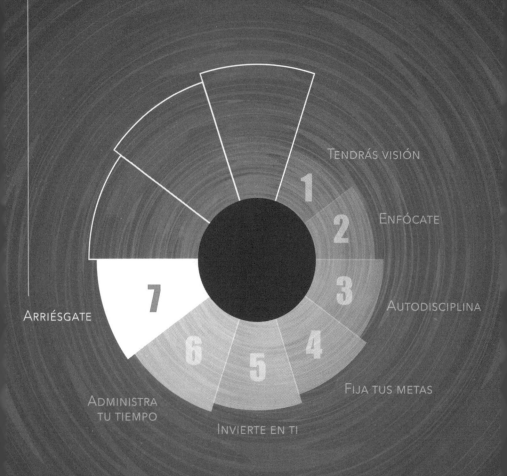

1 Tendrás visión

2 Enfócate

3 Autodisciplina

4 Fija tus metas

5 Invierte en ti

6 Administra tu tiempo

7 Arriésgate

## CICATRICES GANADAS EN LA ARENA

«Emigra y toma riesgo», me dije. Estaba consciente de que, una vez más, lo tenía que hacer. No era la primera vez, pero ésta tenía algo especial.

A pocos meses de llegar a Estados Unidos, decidí ir a vivir a Arizona para tener la oportunidad de convivir con mis hermanos. Mi hermana Araceli me dio posada; y le dije que sería por poco tiempo. Ella me lanzó una mirada retadora; tal vez no conocía lo suficiente a este cazador de sueños.

Mi trabajo en una estación de radio se encontraba a unas 40 millas, entre las tierras de cultivo y la nada. Esa emisora tenía una cabina de transmisión polvorienta, anticuada, muy abandonada; no quiero ser tan drástico, pero, estaba jodidamente mal. Había mucho trabajo por realizar. Tenía que conseguir que la gente y los anunciantes creyeran en una nueva administración, locución y programación musical. Ya estaba ahí, así que acepté el reto.

«Desafíate a ti mismo, es el único camino que conduce al crecimiento», dijo Morgan Freeman, así que le hice caso.

Las transmisiones empezaban a las 6:00 de la mañana. Mi hora de llegada era quince minutos antes, para encender un mastodonte de transmisor de bulbos. Todas las máquinas eran de la época de Henry Ford, de Abraham Lincoln y Pancho Villa.

Diariamente había problemas técnicos porque se fundían los bulbos y había que cambiarlos para seguir. Di a conocer cada dificultad a los dueños y les planteé las soluciones. ¡Aceptaron!

Compramos un nuevo transmisor y la radio estaba trabajando las veinticuatro horas en menos de dos meses.

Yo llegué con tecnología *avanzada* en una computadora para grabar comerciales. Era inexplicable que
nuestra emisora de radio en medio de la nada tuviera
computadora para los anuncios y los locutores siguieran
grabando en cintas. Era la comidilla de las otras estaciones de la ciudad. Ellos con oficinas limpias, café caliente
en las mañanas, carros nuevos de ejecutivos y locutores
muy estudiados, pero atrasados en tecnología y ¡nosotros
seguíamos grabando en cintas!

Todos los locutores iban a grabar conmigo a escondidas.

Con todos estos retos, frustraciones y adversidades,
también había satisfacciones que daban sentido a la vida.

Llegó un momento en el que tuve que tomar la decisión de comunicarle a mi hermana que me quería mudar
a las instalaciones de la radio. Lloró y me abrazó, me entregó una cobija y una almohada. Las tomé con mucho
amor y, mientras viajaba a mi nuevo hogar, pensé: «¿Y
ahora qué voy a hacer? Ese edificio es frío y no tiene ca-
lentador ni regadera, pero sí una manguera». Me bañaba
al estilo vaquero, afuera, a escondidas y con un frío que
hasta los mocos se me congelaban.

«¿Dónde voy a dormir?». Pues arriba de un escritorio,
porque en el piso o en la alfombra polvorienta era presa
fácil para las víboras y los alacranes. Todos los días ama-
necía como una regla: plano, derecho y adolorido.

Este sacrificio fue del conocimiento de una empresa
cristiana que me contrató como gerente de ventas de dos
estaciones, no sé si por mi talento o por mi espíritu de mártir.

Mi trabajo en esas dos emisoras llegó a oídos de Juan
Carlos Hidalgo, quien me llevó para hacer el lanzamiento
de La Caliente 101.9, la primera FM en la ciudad de Tucson, para convertirla en la número uno (hasta el día de
hoy, lo sigue siendo).

Sigo corriendo riesgos en cada decisión. Tal vez he tomado muy en serio el libre albedrío que Dios nos ha dado.

Aún soy un nómada, un gladiador que presume sus cicatrices ganadas en la arena. Me caigo y me vuelvo a levantar. Fracaso y lo vuelvo a intentar. Cometo errores y aprendo más.

Espero que en mi tumba haya una placa que diga: «Aquí yace un hombre que se retó a sí mismo y luego al mundo, para no quedarse sólo en los intentos».

«El indicador fundamental de un hombre no es dónde se encuentra en momentos de comodidad y conveniencia, sino dónde está en tiempos de desafío y controversia», dijo Martin Luther King Jr. y yo le hago caso.

# ACTIVIDAD
## SÉPTIMO
## MANDAMIENTO

Dicen por ahí que se aprende más de las derrotas que de las victorias y es que sí, el riesgo implica la posibilidad de perder; sin embargo, caer no es el fin del mundo.

Escribe aquí tu derrota más devastadora, puede ser emocional, familiar o de negocios:

Ahora escribe aquí cinco cosas que hayas aprendido de ese resbalón:

**1.**

**2.**

**3.**

**4.**

**5.**

Finalmente, cómo emplearás esas lecciones al tomar el siguiente reto:

**Arriesgarse es una fuente valiosa para ganar experiencia.**

# OCTAVO
# MANDAMIENTO
# DEL
# ÉXITO

# PERSISTENCIA

Es la capacidad para imponerse a las adversidades, sin importar las caídas y fracasos. Es la cualidad de continuar y continuar hasta lograr una meta. Es la verdadera valentía.

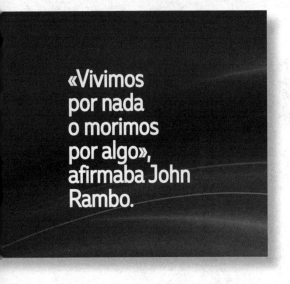

«Vivimos
por nada
o morimos
por algo»,
afirmaba John
Rambo.

No importa el tiempo que tardes en alcanzar tus sueños, ese esfuerzo escribirá tu nombre en la historia.

No es difícil para una gota de agua hacer una grieta en la piedra, requiere de la persistencia que le da poder a su debilidad. Es la constancia lo que alcanza el objetivo, no la violencia de un instante.

## Pelea

Pese a todo, hay quien continúa en la búsqueda del éxito, aunque tenga que sufrir, llorar, fracasar, tropezar y luchar sin detenerse. Si insistes, no hay nada que te impida hacer lo que debes, siempre y cuando te prepares y tengas disciplina.

Aniquilados,
nunca. Si
hay vida, hay
oportunidad
de seguir
peleando.

Para la mayoría de las personas, es más fácil renunciar; sin embargo, los exitosos, jamás; no se rinden porque tienen confianza en sí mismos y saben que sólo levantándose podrán seguir adelante.

## La recompensa de seguir

La palabra «persistir» se parece mucho a la palabra «insistir». La primera significa «Mantenerse firme o constante en algo»; la segunda, «Repetir o hacer hincapié en algo». Ambos conceptos denotan una actitud irrenunciable, de resolución, fe, confianza en que el esfuerzo vale la pena.

Esto vale y se aplica en todos los campos, incluso en el inquietante, personalísimo e impredecible mundo del amor.

Venciendo al tiempo con su inexorable estrago, y dejando atrás sus numerosas aventuras eróticas, las cuales mantenía por despecho, el amor de Florentino por Fermina es persistente, aun después de cincuenta años en *El amor en los tiempos del cólera*, de Gabriel García Márquez. Aunque son personajes de la literatura, hay que recordar que el arte es reflejo de la realidad.

Son muchas las historias reales que se hicieron célebres a partir de no rendirse ante la adversidad. Una de ellas, muy verdadera, es la del portugués Hernando de Magallanes quien, al mando de una flota de cinco carabelas fue el primer europeo que se atrevió a dar la vuelta al mundo.

Tenemos el ejemplo de William James, cuyo nombre es recordado porque después de pensar en el suicidio, la persistencia lo llevó a incursionar en la pintura, en la exploración de tierras vírgenes, en los viajes y en la medicina, hasta convertirse en el padre de la psicología moderna de Estados Unidos.

El fracaso jamás vence a la persistencia.

## DESVERGONZADOS

¿Se imaginan el mundo si Thomas Alva Edison hubiera renunciado a su trabajo luego de tantas fallas al inventar la bombilla?

¿Qué tal si Henry Ford hubiera hecho caso a sus ingenieros, que le decían que un motor en V no podía fabricarse?

¿O qué tal si Elon Musk hubiera desistido cuando lo tacharon de loco al querer masificar el automóvil eléctrico?

> Para ignorar tantos desalientos, opiniones negativas y veneno de los detractores, debes ser un poco desvergonzado y avanzar.

Si tienes el poder para seguir adelante, hazlo. Combina la energía con la pasión y entenderás nuevas maneras de enfrentar los desafíos.

Conviértete en sordo cuando te digan "no lo vas a lograr".

Atrévete a hacerlo cuando crean que eres incapaz.

Nunca renuncies a tus sueños, porque cuando lo hagas, sentirás una muerte lenta. Siempre será preferible morir en el intento que perecer deshonrando tus principios.

¡La historia se escribe a partir de la adversidad!

Se dice que un samurái no soportaba la vergüenza de la derrota; quizá si hubieran aprendido del fracaso, en vez de quedarse a sentir pena, los samuráis no se hubieran extinguido.

## Nada como la perseverancia

Los atletas que practican una y otra vez son los que conquistan todos los trofeos. Calvin Coolidge afirmaba:

* Nada en este mundo puede tomar el lugar de la persistencia. El talento no lo hará; nada es más común que hombres fracasados con talento. El genio no lo hará; el genio sin recompensa es casi un proverbio. La educación no lo hará; el mundo está lleno de negligentes educados. La persistencia y la determinación son omnipotentes.

Cuando leí este pensamiento, me hice chiquito, pues esas palabras llenaron todas las esquinas de mi habitación. Me dije: «No hay pretextos, la persistencia consiste en sólo ir pa'delante y hacia arriba».

En tu intento para lograr el éxito siempre habrá desafíos, siempre habrá pretextos y el desaliento tocará a tu puerta. Entonces probarás de qué estás hecho. ¿Estarás dispuesto a entregar todo tu sudor, tu tiempo, tu preparación y la promesa de llegar hasta el final? Resiste; sigue estos ocho mandamientos, y los que faltan.

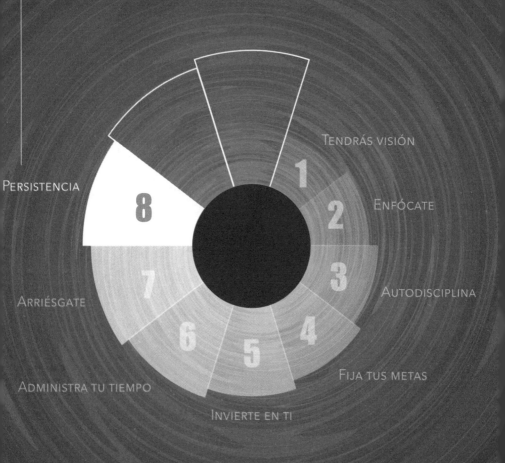

Persistencia

8

7

Arriésgate

6

Administra tu tiempo

5

Invierte en ti

4

Fija tus metas

3

Autodisciplina

2

Enfócate

1

Tendrás visión

## MIS VEINTE PESOS

Cuando era niño, me encantaba ir a jugar con mi primo Celso, pero me aseguraba de que estuviera mi tío Carlos, para que, al despedirme, me regalara 20 pesos.

Cada fin de semana, mi tío se quedaba en casa para convivir y tomar sus cervezas heladas. Él estaba muy contento, y yo más cuando me empezaba a despedir.

Ésos pesos eran mi más grande motivación para ir a jugar con mi primo.

Mi tío Carlos era un hombre muy trabajador, tenía una motocicleta a la que le acomodó unos cajones a los lados para ganarse la vida vendiendo tortillas por las mañanas, fruta y verdura por la tarde, o lo que fuera; hacía negocio con todo. Para mí, él tenía dinero.

Después de mediodía, llegaba a su casa y yo me aseguraba de que siempre me viera, de esa manera yo garantizaba los 20 pesos.

Casi al oscurecer, me despedía y él metía su mano en la bolsa y me regalaba mi pequeña fortuna.

Lo seguí haciendo durante varias semanas; sin embargo, en una ocasión no hubo recompensa. Hice como que me iba, pero él no sacaba el dinero de su bolsa. Ante tal desventura, regresé a jugar con mi primo. Pocos minutos después, me volví a despedir, sin resultados.

Al percatarse de que yo perseveraba en la búsqueda de los anhelados pesos, mi tío Carlos rio con tantas ganas que yo pensé que aquello era una pantomima, y que debía hacer algo para conmover a ese corazón burlón. Ya me había agarrado en la movida.

Regresé de nueva cuenta e hice que me escuchara; con voz alta, casi a gritos, le dije a mi primo: «¡Siempre no me voy a ir a la casa, mi tío Carlos no quiere que me vaya!».

Al escuchar tal cosa, mi tío soltó una carcajada estruendosa, metió su mano en la bolsa, sacó 20 pesos, me los entregó y me dijo: «Ándale, vete; ya jugaste mucho».

Me fui feliz a casa, no me importaron las risas, las negativas, las cejas levantadas ni las miradas de todos los que se dieron cuenta de mi actitud para ganar mi recompensa. Fui perseverante hasta lograr mi meta y estaba satisfecho.

Hoy, me acuerdo, y el que se ríe soy yo, pues ese día aprendí una lección. Como decía Benjamín Franklin:

«La energía y la persistencia conquistan todas las cosas».

# ACTIVIDAD
## OCTAVO
## MANDAMIENTO

Si has repetido veinte veces un negocio y siempre terminas en bancarrota, es momento de cambiar la manera de hacer las cosas: quizá tu método no es el mejor, tu producto no es comercial, etcétera.

No te digo que abandones tu sueño, sino que cambies cosas que seguramente no están funcionando en el proceso.

Lo mismo sucede, por ejemplo, cuando alguien te gusta, pero esa persona no te hace caso. Si insistes en un método equivocado, es probable que termines con el corazón roto, o con una orden de restricción por acoso, en el peor de los casos.

Escribe aquí una meta que no hayas podido alcanzar, a pesar de haber insistido mucho:

Ahora, describe el método que has estado utilizando:

Por último, analiza con ojos limpios ese proceso, como si lo vieras por primera vez; quizá descubras qué has estado haciendo mal. Escribe el resultado de tu análisis:

**Es muy fácil confundir la perseverancia con la necedad: mucho ojo.**

# NOVENO
# MANDAMIENTO
### DEL
# ÉXITO

# GANA
## SIEMPRE

Una persona exitosa sirve a los demás, porque aprende que ayudando, se gana. Siempre hay una forma correcta para ganar; un triunfo afortunado o tramposo se va tan rápido como llega.

Un entrenador de beisbol piensa muy diferente a los jugadores en cuanto a la forma de vencer. Los jugadores quieren ganar partidos; el entrenador desea obtener el campeonato.

El coach piensa en los entrenamientos, no en el aplauso de la gente. Muhammad Ali odiaba cada minuto de preparación antes de una pelea, pero se decía a sí mismo:

> «No te rindas, sufre ahora y vive el resto de tu vida como un campeón».

### VE A GANAR

No cualquiera posee una mente ganadora; eso no es para las personalidades tibias, es para quienes piensan que siempre encontrarán la forma de vencer, y no me refiero a pasar por encima de los demás. No.

El éxito está reservado para los que insisten, aun cuando están cansados; ellos siguen, incluso cuando la flaqueza toca a su puerta. La mente ganadora dice: «Ve por tus sueños, logra tu cometido, ve por más, no sientas vergüenza porque ganar es para valientes. Ese eres tú».

> «Seguir cuando crees que ya no puedes más, es lo que te hace diferente»: Rocky Balboa.

## LEVÁNTATE

Ganar es sinónimo de éxito, es un dulce en el paladar, causa alegría, produce emoción, provoca un buen hábito, es la eterna búsqueda de la victoria.

En el camino siempre habrá obstáculos, cosas que abandonar, pero un ganador jamás renuncia.

Es hora de que te levantes y vayas por lo que te pertenece, por lo que has estado imaginando. Ganar es para los osados, para los desvergonzados a quienes no les da pena el *qué dirán*; para quienes desafían, para los que se sienten desfallecer y ven una luz que les dice: «Sigue, sigue, porque esto apenas empieza».

> Un ganador sabe que el dolor es pasajero. Sin agallas no hay medallas. ¡Si empezaste, debes terminar!

## ¿QUIÉN GANA?

¿Cuál es tu más grande obstáculo? ¿El miedo? Debes saber que eso es mental. ¡Enfréntalo, minimízalo, hasta que lo veas enano!

Quien gana, no es el más fuerte o el más inteligente. Es el que persevera y termina lo que empieza.

¿Sientes dolor? Cuando duele, es momento de insistir hasta que lo logres, de dar una repetición más, un minuto más, un respiro más que te permita llegar a la meta.

Escribe aquí una experiencia dolorosa que te haya llevado a un gran triunfo, así te darás cuenta de que no todo el dolor es malo:

## LOS EXITOSOS SIEMPRE ESTÁN BAJO PRESIÓN

Habrá muchas dificultades en tu vida, calamidades, hambre, opresión; habrá discriminación, angustias, desaliento y muchísimas advertencias para que no sigas. Esa es la voz charlatana que quiere manejarte a su antojo para llevarte a la desgracia y a la derrota. No lo permitas, no seas el mono del titiritero. Sé fuerte, tú eres valiente como un espartano, eres un gladiador que no renuncia ante esas voces fantasma.

No abandones la gloria de tu destino. Viniste a ganar. ¡A ganar!

«Todas las cosas negativas, la presión, los obstáculos, los desafíos son una oportunidad para crecer», decía Kobe Bryant.

## LOS INTENTOS NO CUENTAN

No te olvides de ti. Da el primer paso, camina, lento o rápido, pero siempre avanza, nunca te des por vencido.

No tienes tiempo que perder, mira a tu alrededor: la mayoría ha soñado con el éxito, pero se ha quedado en la simple ilusión. Muchos lo han intentado y se estancaron en las palabras huecas.

No vale quedarse a la mitad del camino, ni rendirse casi al llegar a la meta. Tú eres diferente, tú eres valiente, tú escogiste ganar. Llevas el triunfo en la sangre y llegar al final de la ruta es lo único que de verdad cuenta.

**«Hazlo o no lo hagas, pero no te quedes en el intento», aconsejaba el maestro Yoda.**

## CREE

Si nadie cree en ti, comienza tú a creer.

¿Qué es lo que más anhelas? ¿Qué es lo que te impulsa? ¿Cuál es el motivo por el que despiertas en las mañanas? Ése es tu credo.

Empieza hoy. Quiero que visualices tus metas, pero también que seas un fiel creyente del camino. Míralo y obsérvate. Si tienes fe, tienes la mitad de la victoria, sólo te resta trabajar en ello.

**Si estás vivo, si respiras, entonces puedes ganar.**

Necesitarás **VISIÓN** antes de vencer; **DISCIPLINA** para hacer lo que no te agrada tanto, pero es necesario convertirlo en un hábito al que ames. **INVIERTE** en ti para cobrar la recompensa al final. **PERSEVERA**, **ENFÓCATE**, administra tu **TIEMPO** y **ARRIÉSGATE** para alcanzar tus **METAS**. En otras palabras, sigue estos mandamientos para el éxito.

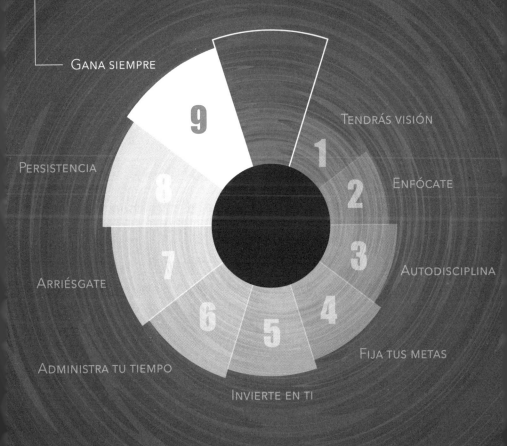

Gana siempre

Tendrás visión

Persistencia

Enfócate

Autodisciplina

Arriésgate

Fija tus metas

Administra tu tiempo

Invierte en ti

## UNA NIÑA ESTRENA AUTO

Mi sobrina Jerelly es una chica espectacular; en una ocasión le mencioné que su auto era una chatarra y agregué:

—Te voy a regalar un carro más nuevo, porque debes traer un vehículo en buenas condiciones.

Ella no olvidó esas palabras y al siguiente día me llamó:

—Tío, lo que me dijo ayer, ¿lo va a cumplir?

—¿Y qué fue lo que te dije?

—Que mi carro era una porquería y que usted me regalaría uno mejor.

—Vende esa chatarra, le sumamos un poco más y tendrás uno mejor, yo me encargo.

Mi promesa fue como traer un cascabel pegado en la oreja las veinticuatro horas. Jerelly me llamaba, me saludaba y me volvía a llamar.

—Tío, ¿ya tiene mi carro?

Luego, incluyó en el proyecto a su mamá para que me llamara; posteriormente a su papá. Todos me recordaban el famoso auto.

Lo más espectacular sucedió cuando hizo que la trajeran a mi casa, en Los Ángeles. Jerelly venía decidida a hacerme cumplir el pacto. Cuando abrí la puerta, vi su carita tierna que me lanzaba petardos por los ojos; no pude contenerme y la abracé, casi felicitándola por su manera de salir victoriosa. Inmediatamente después de saludar, me dijo:

—Usted cumple sus promesas, ¿verdad?

—Sí, confirmé

Algo en mi cabeza me repetía: «Ya te jodiste».

—Pues aquí me voy a quedar hasta llevarme ese carro que prometió —amenazó ella como sólo pueden hacerlo los ángeles.

—¿A eso viniste, Jerelly?

—Vine a verlo… también.

Sus seguridades traspasaron mi integridad. Dos días después, la vi manejando el Jeep Cherokee que le compré por bocón y por su perseverancia.

Jerelly me dio una gran lección; buscó la manera de salirse con la suya, haciendo válida una promesa. Y ganó.

> «Los perdedores hacen promesas que frecuentemente rompen. Los ganadores se comprometen a cosas que siempre cumplen», decía Denis Waitley.

# ACTIVIDAD
## NOVENO
## MANDAMIENTO

Dicen que lo único peor que un mal perdedor es un mal ganador. Y es que hay muchos que, al conseguir ciertas victorias, se vuelven arrogantes y soberbios. En realidad, eso no es el verdadero éxito.

El verdadero éxito es global: dinero, sí; poder, claro, pero también humildad, paz mental, espiritualidad y conocimiento.

Te reto a ser sincero contigo mismo, y esa es quizá una de las cosas más difíciles que hay. Escribe aquí si al alcanzar cierto éxito, has despreciado a los de abajo; recuerda las veces que has maltratado a un mesero, que has despreciado a un vagabundo, etcétera:

Si lo has hecho, ahora escribe qué vas a hacer para poner remedio a esas actitudes y así alcanzar el éxito verdadero. Puedes leer un libro que te ayude, ir a terapia, pedir ayuda de un amigo, etcétera. ¿Cuál es el plan?

Recuerda que la sabiduría es otro nombre para el éxito.

# DÉCIMO
# MANDAMIENTO
# DEL
# ÉXITO

# 10

# HAZ LO
# QUE AMAS

Si te gusta y te hace feliz, repítelo una y otra vez, conviértelo en tu forma de vivir. Hazlo, mientras no dañe a nadie y no infrinja las leyes, no lo dejes. Aunque sea difícil y duela por momentos, hazlo, ámalo y ámate.

En una de mis conferencias, un joven profesionista levantó su mano con mucha insistencia. Las asistentes lo controlaban sólo por unos instantes, pues su temperamento hiperactivo lo llevaba al extremo, en su afán por externar sus inquietudes. Cuando llegó el momento de hacer preguntas, él fue el primero:

—Maestro, me titulé como ingeniero, luego hice una maestría para tener mejores oportunidades; me especialicé en edificios modernos con la más alta tecnología; sin embargo, estoy trabajando en un Burger King; no me han dado la oportunidad que yo he esperado, siempre me dicen que debo tener experiencia. ¿Qué consejo me da para trabajar en lo que yo amo?

—¿Realmente amas la ingeniería? —pregunté.

—Sí, señor.

Se notaban en su rostro la melancolía, la impotencia y la frustración.

—Entonces ve a una constructora y ofrece tus servicios como voluntario; cuando exista una vacante, serás el primero en quien se fije la empresa.

—¿Y si no es en el puesto que quiero?

—Entonces, solicita de conserje, juntando la basura, como asistente, de lo que sea. Fíltrate, métete, siéntete parte de una empresa en la que puedas tener una oportunidad para hacer lo que amas.

Unos meses después, el chico me llamó para darme las gracias; había empezado como asistente de un arquitecto y muy pronto lo ascendieron, como lo había querido.

**Siempre hay que sacrificar algo para obtener lo que más amas.**

## LA REALIDAD

Que nunca se te cierre el mundo para ver las oportunidades en las que te puedes desarrollar, y más cuando sientes que eso es lo que más amas.

El universo no se va a cuadrar como un soldado para saludarte.

La realidad es como es, no va a cambiar por más fuerte que sea tu berrinche; la lluvia no se detendrá sólo porque a ti no te gusta. Somos nosotros los que debemos cambiar de acuerdo con las circunstancias. Eso es a lo que llamamos resiliencia.

**Si las cosas no suceden, quizá eres tú quien debe provocar que pasen.**

## SIEMBRA

¿Cuántas veces has hecho coraje porque nada es como deseas? El universo no se construyó para tu confort, así es, ni modo, ahora, ¿qué vas a hacer con eso?

Por supuesto que no te estoy diciendo que te resignes, al contrario, te digo que, si lo amas, lo procures, si quieres fresas, siembra fresas. Las cosas no llegan por arte de magia ni por tu linda cara.

Escribe aquí alguna vez en la que hayas deseado mucho algo, pero que no hayas movido ni un dedo para conseguirlo:

Y luego, ¿qué harás para cambiar las cosas?

## LA ROPA INCORRECTA

Para triunfar en una profesión, debes quitarte el vestido del orgullo, debes dejar de llorar con cualquier cebolla. Brinca el cerco de la soberbia y aplánate en la superficie donde se levanta el polvo. Ninguna mujer con zapatillas está cómoda en un rodeo. Ningún vaquero con botas sucias es aceptado en una reluciente oficina.

Debes aprender a acoplar estilos y formas con lo que más amas, no seas lo contrario de lo que dices, no prediques lo que se debe hacer y luego pongas el mal ejemplo. Sé congruente.

> Si amas algo, sé claro y contundente para que tus acciones tengan lógica.

## FLUYE

Haz lo que te gusta, para que lo hagas bien.

Nadie ha sido exitoso en lo que le repugna hacer, al contrario, se convierte en una persona frustrada. La vida se trata de hacer algo divertido para sentir que la sangre hierve en tus venas, para fluir como un río, imparable.

A veces debes empezar con algo que tal vez no te agrade tanto, pero es la manera de acercarte a lo que sí te traerá felicidad. Siempre hay pequeños sacrificios, pero si has llegado hasta este décimo mandamiento, ya sabrás cómo enfrentarlos.

Si no te gusta algo, cámbialo, porque no se va a mover solo.

Si no te gusta tu trabajo, déjalo, estoy seguro de que de hambre no te vas a morir; asusta, claro, pero eres valiente.

Si estás buscando al amor de tu vida, aparta tiempo y ve a encontrarlo con el corazón en la mano.

La vida te mostrará su rostro sonriente cuando le tomes sentido a lo que más amas. Cuando comiences a hacer las cosas que te gustan, el universo será tu cómplice y te consentirá.

> **Nadie en este mundo es feliz sin sentir pasión por lo que hace.**

### HACER LO QUE AMAS ES PERDONAR

Hacer lo que amas es volver a dar alegría a quienes esperan tu regreso, tal como sucede con los grupos musicales famosos que se reúnen después de años para solucionar sus pleitos, rencillas, desacuerdos y orgullo, sólo por una razón poderosa: hacer lo que más aman.

Cuando vives, tienes y haces lo que amas es más sencillo perdonar, curar heridas, volver a disfrutar con gratitud y levantarte desde las cenizas para dar y entregar amor y cariño.

> Hacer lo que amas es voltear a tu alrededor y sonreír, es sentirte pleno.

## AMA CON ÉTICA

No te conviertas en un sobreviviente en la superficie de nuestro maltratado planeta. Sobrevivir no es lo mismo que vivir.

Hagas lo que hagas, hazlo con amor, no solamente le des «gusto al gusto». Ama lo que se traduzca en orgullo y en un buen ejemplo.

Ama lo que es legítimo y socialmente moral, aceptable y ejemplar. Ama lo que implica esfuerzo, sudor y lágrimas, mucho trabajo, tiempo y dedicación antes de que dé resultados.

Eso es ética. Eso es lo correcto. De ello depende tu verdad. Haz lo que amas. Ama lo que haces. Es la única y mejor manera de que te consideres ganador y efectivamente lo seas.

> El verdadero éxito de un ser humano es sentirse vivo y en plenitud.

### AMA, AMA Y AMA

Hacer lo que no amas es una tortura para el alma; si es tu caso, no puedes considerarte exitoso.

Comienza a sentir cariño por tus actividades, aunque obtengas un ingreso pequeño, pues con el tiempo valdrá la pena.

Nunca pierdas la visión de tu objetivo final, encuentra un propósito y empieza a vivirlo, a conectar tus instintos con lo que realmente amas.

Acuérdate de que puedes convertir tus pasiones en ganancias, sólo tienes que saber cuáles son tus verdaderos deseos.

Cuando encuentres tu verdadera pasión, persíguela y disfruta el trayecto. Entonces, «no volverás a trabajar un día más en tu vida».

Ama, ama y ama.

A VECES DEBES EMPEZAR CON ALGO QUE TAL VEZ NO TE AGRADE TANTO, PERO ES LA MANERA DE ACERCARTE A LO QUE SÍ TE TRAERÁ FELICIDAD. SIEMPRE HAY PEQUEÑOS SACRIFICIOS, PERO SI HAS LLEGADO HASTA ESTE DÉCIMO MANDAMIENTO, YA SABRÁS CÓMO ENFRENTARLOS.

HAZ LO QUE AMAS

GANA SIEMPRE

PERSISTENCIA

ARRIÉSGATE

ADMINISTRA TU TIEMPO

INVIERTE EN TI

FIJA TUS METAS

AUTODISCIPLINA

ENFÓCATE

TENDRÁS VISIÓN

10
9
8
7
6
5
4
3
2
1

## TACOS BACHOMO

Al pasar por aquella calle vi, en la esquina de una escuela, un humilde puesto de tacos.

Cada tarde, junto con su familia, el taquero levantaba una pequeña carpa, colocaba dos mesas con cuatro sillas y un carrito con un comal que calentaba con carbón al rojo vivo, al que en ocasiones le tiraba agua, no para apagar el fuego, sino para que brotara humo y llamar la atención, en un intento primitivo de marketing.

Yo tenía que averiguar si los tacos estaban buenos. No tardé mucho en comprobarlo.

Saludé y me presenté como el locutor de la radio de Canal 88. El taquero se me quedó viendo con ojos de alegría; se reflejaba en su rostro la emoción de tener a un personaje de los medios frente a él.

—Buenas tardes, ¿tú eres el Cupido Metichón?

—Ése soy —confirmé con orgullo.

—Yo soy David Moreno, y estos son mis Tacos Bachomo. Quiero que los pruebes, son la especialidad más espectacular que jamás hayas comido.

Su seguridad, me convenció al instante. Sonreí y le acepté cuatro. Cuando estaba por terminar, aquel hombre me sirvió una Bachomita: un taco con tortilla tostada, queso derretido, carne jugosa, cebolla asada regada caprichosamente, salsa verde y un chorrito de salsa roja tatemada. No había forma de escapar a tal delicia.

—Ésta es mi especialidad —afirmó—. Mañana dices en la radio que estuviste aquí, en Tacos Bachomo, y te espero todos los días para que cenes. Estos tacos jamás te van a enfadar.

No me pude contener y sonreí por tan fabulosa propuesta.

—¿Y por qué estás tan seguro de que no me van a enfadar? Pregunté con un tajante reto de locutor fanático de los tacos.

—Porque éstos los hago con mucho amor y me emociono cada vez que preparo uno.

—¿Amas lo que haces? Le tiré la pregunta como una cuchillada.

—Sí, amo lo que hago.

Desde ese día de 1988, somos amigos y nos reímos de aquella primera vez. Actualmente, Tacos Bachomo ocupa un espacio propio y ha comprado otro local para preparar lo que venderá cada tarde.

«Todas las emociones son fantásticas. Cuando comas, disfruta cada bocado», dice el Manifiesto Holstee.

# ACTIVIDAD
## DÉCIMO
## MANDAMIENTO

Llena esta tabla para analizar cómo has ido progresando en el amor por lo que haces, así podrás darte cuenta de tu ascenso hacia el éxito.

| Los empleos más importantes de mi vida han sido… | ¿Tuve éxito en este empleo? | ¿Amaba lo que hacía en ese empleo? | ¿Dejé ese empleo para buscar uno al que amara o sólo para pagar las cuentas, aunque lo odiara? |
|---|---|---|---|
| | | | |
| | | | |
| | | | |
| | | | |
| | | | |
| | | | |
| | | | |

Ahora escribe aquí tus conclusiones y reflexiones sobre este análisis:

Entonces, ¿eres una persona exitosa?

# Conclusión

La gratitud es un torrente que, en primer lugar, desemboca en ti. Tienes en tus manos este libro que he realizado con la mejor intención para ayudarte a desarrollar la destreza con la que ya naciste: ¡el éxito!

Cada uno de estos diez mandamientos está basado en el análisis del triunfo y la vida que me ha brindado experiencias invaluables.

Todos, de alguna manera, deseamos el éxito, pero la mayoría tiene la idea de que ser exitoso es convertirse en alguien rico y millonario, poseer una casa enorme en la que te pierdes en tantos pasillos y lámparas que destellan luz y fragancia a la vez, con una alberca olímpica de varios niveles y una cascada que asemeja la larga cabellera de una bella mujer, estilo Cleopatra, saliendo desde lo más profundo; con caballerizas que se extienden hasta donde la mirada se cansa, hasta no distinguir al último caballo bailador; con cabezas y pieles incrustadas en las paredes que dan a la mirada una lección de los lujos que desprenden parte de su fortuna, no importando privar de la libertad a tan exóticos animales en peligro de extinción.

## DEBEMOS SEPARAR LA PRESUNCIÓN DEL ÉXITO.

Quien realmente es exitoso posee amabilidad, confianza en sí mismo y grandes valores integrales que lo hacen participativo con su entorno y lo convierten en un ser más sensible, que se atreve a inclinarse cuando ve a un necesitado.

Una persona exitosa deja de ser egoísta y comparte su sabiduría con gran entusiasmo. El éxito verdadero es aquel que te convierte en una mejor persona y que aporta bienestar a los demás.

El éxito es una constante evolución personal, un continuo mejoramiento de ti mismo, es ver un horizonte infinito de colores que tú has pintado a tu estilo, que te transportan al lugar más hermoso: un valle donde las montañas y sus contornos sólo serán vistos por quien ha encontrado el sentido de la vida. Para llegar a ese sitio se requiere cargar el menor peso posible sobre tus espaldas.

Ser exitoso significa caminar tan libre que ni tu sombra te juzgue o te señale, es como volar sin alas, pero aun así te sostienes porque confías en lo que eres; es entregar todo en lo que haces, porque lo amas.

Si sabes utilizar este material de buena fe, te llevará hasta donde alcanza tu imaginación, y una vez que obtengas el éxito, sabrás que la gratitud será tu más grande aliado.

CONFÍA EN TI, PORQUE NACISTE EXITOSO Y, AL FINAL, TE DARÁS CUENTA DE QUE ¡EL VERDADERO ÉXITO ES SER FELIZ!

Impreso en Litográfica Ingramex, S.A. de C.V.
Centeno 162-1, Col. Granjas Esmeralda,
C.P. 09810, Ciudad de México